何炳松◆著　林志宏◆導讀

通史新義

借鑑西方史學的思想方法，
總結中國古代史家的傳統史學理論，
對史料研究的方法以及通史編纂的原則重新進行思考，
建立其新通史理論體系，
對中國現代新史學的建設有著重大貢獻。

五南圖書出版公司　印行

導讀

一位教育家和出版家

提起何炳松（一八九〇－一九四六）的名字，大多數的人會聯想到他翻譯和引介西洋史學的貢獻。這位近代中國早期有系統地接受西方史學專業訓練的學者，一生譯著的作品甚多，先後有新史學（一九二四）、中古歐洲史（一九二四）、近世歐洲史（一九二五）、歷史教學法（一九二六）、歷史研究法（一九二七）、西洋史學史（一九二九）、通史新義（一九三〇）、浙東學派溯源（一九三三）等，被認為是研治和倡導西方史學理論及方法的代表。然而，何氏能夠在中國近代史學史上擁有獨特地位，他的經歷也成了絕佳的幫手，這是不容抹煞的。

大致說來，何終生參與的社會活動，約可分為三階段：第一段期間是他在一九一六年時留美返國，次年應蔡元培（一八六八－一九四〇）之聘約，執教北京大學，前後長達七年間的教育和學術工作。第二階段主要為一九二四年至一九三五年間，何氏在上海的商務印書館工作，同時致力於史學教育的推廣。最後則是一九三四年到一九四六年間，何擔任暨南大學校長凡十一年。可以說，教育和出版工作成為他終生花費心力最多的部分。

何氏是浙江金華人，早年代表浙江省以公費留學生的身份，到美國加州大學、威斯康辛大學和普林斯頓大學等學校求學，一九一六年時取得碩士學位歸國。在這段期間，何炳松在校專攻的是現代歷史與國際政治關係，曾經以英文撰有中國政黨小史一文，嘗試將中國有政黨的淵源從戊戌政變開始講起。根據中央研究院院士、也是何的堂弟何炳棣（一九一七—）先生所回憶，何氏的碩士論文內容以中國春秋時期列國的外交儀式為題，闡明古代與西方近世國際法間若干相符之處。

在北京大學任教時期，何炳松除了持續擔任講授文預科一、二、三年級的「西洋文明史」課程外，還在本科開設有「西洋史」、「中古歐洲史」、「近世歐洲史」。另外，他又兼代北京高等師範學校的教員，以及文、史兩部教務主任。這些豐富的教學經驗，儘管都與何氏個人國外所學的知識未必相關，但卻為他的生涯帶來重要的轉折，也替他日後進行中西史學融合工作提供了莫大的助益。由於何講授西方歷史，使得他進而有機會能夠接觸和瞭解西方史學的研究概況；加上他實際在北高師編輯史地叢刊，開始留意到中國歷史研究，尤其是章學誠（一七三八—一八〇一）的史觀，得以比較中西史學上異同。所以，當「整理國故」的口號四起時，何炳松即在擬編中國舊籍索引例議文中，表示如何保存己長，吸取他人優點：

> 近來國內學者深知徒務西學之不足於用，吾國舊學之急宜發揚，於是整理國故之聲，洋洋盈耳。然而至今尚無入手之良法也。或有謂整理國故，應辨粹渣。其說似當而實贅。世界各國各代之學術，類皆雅鄭各趣，瑕瑜相形。誰無國渣，誰無國粹，求約於博，有要存焉。得失是非，留待後世。故渣粹之說，與整理國故無關焉（何炳松文集，北京：商務印書館，第二卷，頁五九六）。

一九二二年九月，何炳松基於自己是浙江省籍人士，長期受到鄉人眷顧，又因蔣夢麟（一八八六—一九六四）和馬敘倫（一八八五—一九七〇）等人的極力相邀下，決定出任省立第一師範學校校長。可惜天有不測，隔年三月時，一師竟發生了令人意外的食物中毒事件，二百餘名學生和教職員在校用餐後相繼中毒，身為校長的他為此深受刺激和打擊。結果是礙於政治環境的現實，何氏因故無法公布真相。這件意外釀成的悲劇令何表示萌退之意，就像他自承：「到杭州辦了兩年最無聊的教育，受了兩年最不堪的苦痛」。就在極度痛苦與徘徊之際，何炳松整理過去從事教學時所翻譯的羅賓森（**James H. Robinson**，一八六三—一九三六）新史學（*The New History*），交由上海商務印書館出版。這樣的結果也進而開啟了他一段出版人工作的生涯。九月，何炳松於是接受商務的邀聘，擔任百科全書委員會的第五系主任。

在商務印書館時期的何炳松，是個人學術和事業最為精進之時。最值得提出來的貢獻，就是何氏接替王雲五（一八八八—一九七九）成為商務印書館編譯所所長，並協助推動館內多項業務。當中，特別關於史學專業內的圖書規劃、組稿、編輯、出版，居中出力最多，像中國歷史叢書、中國史學叢書、西洋史學叢書、少年史地叢書等，都在此時出版。直到日本在上海發動「一·二八」事變，造成商務印書館重創被毀之前，何氏還曾擬定一個有關集體撰寫中國史的計畫。據說全書共分為二百多章，每章自成一書，打算邀請國內的歷史學者共同執筆；惟此計畫先後僅出版過三、四十本，旋因日軍入侵上海緣故而罷。日後鄭振鐸（一八九八—一九五八）曾語帶心長地感嘆戰禍對文化的影響甚鉅，卻也盛讚這項出版計畫之功，說：「然即就已經出版的三四十本書看來，如果這部書能夠成功，無疑的將成為中國通史中最好的一部。」同時因為何炳松主持編譯所時，採取寬容、開明的態度，吸引不少同僚共事，熱切贊助其他的編譯工作，也讓商務印書館的業務蒸蒸日上。拿何氏自己的經驗來說，如出版譯作歷史研究法、西洋史學史等，無疑展現了他學術研究的高峰，也是他人生最為輝煌的時候。

一九三五年則是何炳松另一人生轉捩點的開始。在這年的一月一〇日，何氏與王新命等十位教授共同聯名發表中國本位的文化建設宣言。對於如此一個建設具有「本位」的未來中國理想，儘管各方輿論的反應不一，互有褒貶；何炳松遭到許多指摘和壓力，卻毫無畏懼，開啟投身調和教育及政治關係之行列，成為此後志業之所在。他在共同發表宣言後不久，屢屢和政府當局互動，四處講演文化本位建設的問題。七月，教育部決定任命何氏為暨南大學校長，於是他又再一次的披上教育的戰袍。嗣後，歷經抗戰和孤島上海時期，何也肩負起教育的工作與使命。

通史新義的成書背景與特點

不同於其他著作，通史新義可以算得上何炳松個人的創作。然而從文字和內容方面來看，該書原本並非屬於通俗易讀的書，但是誠如書名所揭示的，書中所要提出的問題，卻緊緊扣住「新」字。它出版於一九三〇年，有必要考量一下時代因素。

簡單地說，一九三〇年代的中國是一思想多元且複雜的國度。在此之前，政治雖由執政的國民黨完成形式上的統一，可是內部人事爭鬥不斷，暗潮洶湧；來自國共雙方的矛盾，以及各軍系對國民政府的不滿與衝突，都帶來了諸多不穩定的因素。隨著「北伐」期間國府的革命外交政策，追求國家主權固為統治當局努力積極想要達成的目標，可是來自列強外交上的壓迫亦不絕於耳。像是東鄰日本的侵逼，即為顯例。因此，受到時局左右，也影響了學術發展。以史學來說，由於國家面臨外患侵略，強調民族精神的史學興起，成為此一時期的特色。

如此強調民族史學的氛圍，最明顯的情形是編寫「通史」的主張，開始反對「窄而深」的研究風氣。受到國難的危機感日益嚴重，民眾也為了尋求業已失落的意義感，避免史學和時代脫鉤，一九三〇年代有不少人主張：著史要以找回民族國魂為鵠的。以「疑古」而得到盛名的顧頡剛（一八九三—一九八〇），即在古史辨自序說：「許多人囑望我編成一部通史。我雖沒有研究普通史的志願，只因沒有普通史，無論什麼歷史問題的研究都不易得到一種憑藉，為自己研究的便利計，也願意從我的手中整理出一個大概來。」為了完成這歷史責任感和使命感的「憑藉」，顧氏曾立志要打破漢族本位的立場，撰寫一部以中華民族為活動中心的歷史。像顧一樣，史家鄧之誠（一八八七—一九六〇）也寫了一部中華二千年史，訴求通史編纂對塑造「中華民族」具有的正面意義。該書序文還說：「欲知先民締造之迹，莫如讀史；誠欲讀史，莫如注重事實，先編通史。」顯然書寫一部肩負救亡責任的通史，已是這一時代的人共同的認識。

何炳松的通史新義即在如此聲浪中，企圖為歷史研究的原則訂立一種普世價值和標準，所預設目的下完成的一本書。但必須留意的，對何氏而言，通史新義不僅呼應了這一時代需求，還提出糾謬，認為應該均衡看待，不宜有所軒輊。他進一步說，通才難求而專才易得，自古皆然。研究歷史多從史書著手，若光只是偏重通史著述，一旦通才求之不得時，歷史研究豈不有斷炊之虞？因此，考量史學未來的發展，應該要兼顧兩者，無論通史或專史，不可獨尊通史。

除了反省過份強調民族史學價值之外，讀者或許不該忘記：何炳松和美國哥倫比亞大學「新史學」流派羅賓森的關係。因為後者的代表作新史學經何氏翻譯出版後，曾獲得學界廣泛地關注和聲譽。然而，以何炳松留美的經驗而言，他似乎不曾到哥大去親炙羅賓森，恐難追尋兩人關係。不過，何在美國期間，卻是「新史學」勢力日益壯大之時，故無法忽略其影響，難免不受流風所披。同樣在中國二、三〇年代，許多編寫「史學概論」、「史學通論」書籍或課程者，都成為羅賓森新史學著述的追隨者。如黃維榮史學、盧紹稷史學概要、吳貫因史之梯、李則剛史學通論、楊鴻烈史地通論、陸懋德史學方法大綱、周容史學通論、胡哲敷史學概論等，相當程度都參考「新史學」學派的立論。何炳松自不例外；他既翻譯了新史學而成名，又有意另撰通史新義，可說乃時代風向所趨。有人嘗比較這兩部「譯書」和「著書」間的不同，認為差別不大，正可足見魯氏的影響。

綜觀通史新義的特色有兩點：首先，該書介紹西方當時最新的通史義例，認為西方史學能夠獲致長足進步，實乃拜於人文學科進展之所賜，故較中國既有的義例切實適用，可以供為參考。其次，作者何炳松針對當時風行通史的看法，提出三點建議：一、史料與著作應該分開，然後通史的觀念方能明瞭；二、糾正當時似是而非的通史義例；三、通史不宜獨尊。

此外，以性質言，何炳松還有意識地結合中、西史學原理，注意將西方史學與中國史學傳統做一對比。他認為「五．四」前後，人們對出現在史學界的一片「歐風美雨」，「有急不暇擇之態」；尤其西方史學方法和原理的介紹，往往更缺乏比較及選擇，乃至「對於西說每每不分皂白，活剝生吞，遂至墮入此輩學術界『帝國主義』之玄中而不自覺」。因此在通史新義中，何氏大反其道，極力提高傳統史學的地位，章學誠的史學理念瞭解，於是成為主要的討論焦點之一。所以何炳松去世後，有人對他是如此評價：

> 何先生的史學是與梁任公並稱的。任公先生以西洋史學方法治中國史，而何先生以中國史學方法治西洋史。

在史學方法上，通史新義除了說明史料的分類、蒐集、辨偽、考訂、判斷、敘事等技巧外，何炳松還對科學方法如何引入歷史學領域，提出自己的見解。何氏指稱，這些方法雖然都很有說服力，可是只能呈現歷史某方面的事實，實際上有其使用侷限。譬如，數學統計或許可以讓歷史現象更加具像化，但是證據往往不夠周延，未必足可獲得真相；生物學固然能夠說明人的生老病死歷程，卻難以掌握當中每一段時光的心態及變化；經濟學充其量只能解釋社會經濟生活的某些層面，但無法當作生活的全部來看；而地理學和人類學也只能證明某些環境和人種會有怎樣的結果，不可一概等同視之。在何氏看來，上述方法固有其「科學」的面向，可惜「偏而不全」，無法揭示人類受到意志來支配活動的特點。因此，為了要回復真相，何炳松主張重新考察歷史時，要用多種方法綜合起來。特別是像心理學的方法，他說「產生社會現象之直接原因，亦即所謂決定社會事實之條件，皆屬內部之情況，即所謂動機者者是已」，所以「說明所有社會事實之演化，非直溯心理之原因不可」。換言之，此刻援用心理研究方法，方才為歷史研究之方法。

儘管何炳松堅信科學方法可以幫助解決歷史問題，不過也有遭到誤用的危機。像是人們普遍相信「唯物史觀」可以做為人生準則，他批評：

> 世之學者，鑑於人類社會之經濟生活大有影響於社會階級之產生，並因之大有影響於政治之制度也，遂以為經濟史觀足為研究全部人類社會生活之線索，吾人可藉此瞭解人類在政治上、宗教上、理智上之一切活動。殊不知人類社會之組織，並不純受經濟生活之駕馭者也。

何說，研究任何民族／國家的風俗、制度、法律、政治，誠然不得不注意經濟的面向，但卻不可以此衡度來解釋萬物一切。如果迴避了地理條件的差異，還有每個人意志的不同，乃至知識科技的發展日新月異等特性，結果都可能失之桑榆。據此吾人可以深信：通史新義不只有著作者對史學方法的期待而已，還有針對現實環境的理解和看法。

小結

何炳松的通史新義應該放在史學史的何種位置？毫無疑問，近代中國面臨前所未有的時勢變局，史學始終是值得觀察的面向之一。它既是人們用來學習和追求富強的學問之道，也是挽救民族自信的方式。當歷史的功用不再做為吹捧一家一姓功績的載體，而成為國家民族賴以生存的記憶時，史學的功能也就被賦予更重要的意義。近代中國史學的發展，即是在恢復國家／民族信心，與追求獨立客觀性質學科之間奮鬥的過程。反觀何氏以翻譯西方史學為始，到通史新義時則企求中、西史學能夠獲得折衷，充分反映當中時代的精神和意涵。誠然，何在歷史實證研究方面或許毫無建樹，不過他勇於站在一片書寫民族救亡通史和科學歷史的環境中，以再詮釋通史的名稱，說明自己所理解的史學觀點，可謂意義非凡。當我們今日閱讀通史新義時，不妨思考一下此書背後深刻的用意。無怪乎一九四七年顧頡剛說：「何炳松與其說他是歷史學家，不如說他是教育家」，確為一針見血之論。

林志宏

目錄

自序

「夫工師之為巨室，度材比於燮理陰陽；名醫之製方劑，炮炙通乎鬼神造化。史家詮次群言，亦若是焉已爾。是故文獻未集，則蒐羅咨訪不易為功。觀鄭樵所謂八例求書，則非尋常之輩所可能也。觀史遷之東漸南浮，則非心知其意，不能跡也。此則未及著文之先事也。及其紛然雜陳，則貴決擇去取，人徒見著於書者之粹然善也，而不知刊而去者中有苦心而不能顯也。既經裁取，則貴陶鎔變化。人第見誦其辭者之渾然一也，而不知化而裁者中有調劑而人不知也。即以刊去而論，文劣而事庸者無足道矣。其間有介兩端之可，而不能不出於一途；有嫌兩美之傷，而不能不忍於割愛。佳篇而或乖於例，事足而恐徇於文。此皆中有苦心而不能顯也。如以化裁而論，則古語不可入今，則當疏以達之；俚言不可雜雅，則當溫以潤之。辭則必稱其體，語則必肖其人。質野不可用文語，而猥鄙須刪；急遽不可以為宛辭，而曲折仍見。文移須從公式，而案牘又不宜

徇；駢麗不入史裁，而詔表亦豈可廢。此皆中有調劑而人不知也。」——章學誠

吾國自前清末季廢止科舉改設學校以來，一般學子及社會中人之需要中外通史藉資挹攬，不可謂不亟矣。然迄今已達二十餘年，西洋通史之著作雖已有相當之成就；而本國通史之纂輯，則求其能合現代所謂新史學眼光者，反寥若晨星焉。此何故耶？豈吾國史才不逮西洋耶？則如清代史家章學誠其人者，其史學見解之卓絕精微，在著者眼中觀之，有時且遠駕西洋名史之上。文史通義書教篇中所論之記注撰述，及史德篇中所論之天人之際，即吾人今日新史學上所謂史料與著作之關係及主觀、客觀之辨別也，其精審透闢，即其一例。然而吾人迄今尚無一部差強人意之中國通史焉，則又何耶？著者愚見以為，此蓋因吾國編纂通史之人尚未能如西洋史家之能利用最新方法耳。此則吾國學術上之環境有以致之，非吾國史家之過也。

吾國史籍豐富，世界稱最；此事實也，非誇言也。然自唐代劉知幾首倡紀傳、編年二體之說以還，吾國史籍上材料與著作之畛域遂以不明。劉氏在史通二體篇中之言曰：「丘明傳春秋，子長著史記，載筆之體，於斯備矣。後來繼作，相與因循。假有改張，變其名目。區域有限，孰能踰此？蓋荀悅、張璠，丘明之黨也；班固、華嶠，子長之流

也。……班、荀二體，角力爭先；欲廢其一，固亦難矣。」此說既出，二體分家遂成為吾國史籍門類之標準。故四庫全書總目史部編年類序中亦云：「司馬遷改編年為紀傳，荀悅又改紀傳為編年。劉知幾深通史法，而史通分敘六家，統歸二體，則編年、紀傳，均正史也。」以章學誠史學見解之卓越，而在史考釋例一文中，亦不能不謂「劉氏二體以班、荀為不祧之祖。紀傳、編年，古人未有軒輊焉。故史考以紀傳、編年分部，示分等也。」劉氏二體說之根深蒂固，定為一尊，即此可見梗概。竊以為就史料眼光觀之，吾國史籍汗牛充棟，又何必獨限二體？依四庫全書之例分為十五類可也；即依章學誠報孫淵如書中所云：「盈天地間，凡涉著作之林，皆是史學。」亦未嘗不可也，蓋既已同屬史料，則類例之或簡或繁，皆無關史學宏旨矣。

吾國史籍門類自奉二體為正宗之後，不特所有文獻永遠迴翔於二體之中，即通史一門亦從此幾絕其獨立之望。鄭樵雖曾辨明史、書兩者之不同。且亦高樹通史之旂幟，然世之心知其意者，蓋寥寥可數焉。四庫全書之別史一類，雖大體皆屬通史之流，而按諸總目敘中所言，約略依稀，絕不稍露通史之意，僅於通志提要之內，略及通史源流。以紀昀學問之淵博，似亦未嘗見及通史之足以獨樹一幟。史料與著作二家之不辨，其流弊尚可勝言哉？

後世史家鑑於史遷之能以紀傳體裁而博得著作美譽也，往往一意以復紹前修，追蹤名史為鵠的，遂有三國志、新五代史及明史等記注撰述兩無所似之著作。以言備人瀏覽則太繁，以言整齊故事則不足；此章學誠所謂「其智既無所取，而愚之為道又有未盡也。」其為害豈僅在體例不純一端而已哉？此吾國史家不辨史料與著作二家有別之流弊又一也。

然以吾國史才輩出之故，史料著作之各自成家，亦未嘗無明辨之者，特後人未能為之發揮光大耳。即就劉知幾而論，其對於史籍雖倡二體之說，然於史料著作之流別實已窺見其端倪。故史通史官建置篇中有言曰：「夫史之為道，其流有二。何者？書事記言，出自當時之簡；勒成刪定，歸於後來之筆。然則當時草創者資乎博聞實錄，若董狐、南史是也。後來經始者貴乎儁識通才，若班固、陳壽是也。必論其事業，前後不同；然相須而成，其歸一揆。」劉氏於此所謂「當時之簡」，非即吾人今日所謂史料乎？故資乎博聞實錄。所謂「後來之筆」，非即吾人今日所謂著作乎？故貴乎儁識通才。而以「當時」、「後日」二詞表明史料與著作在時間中之關係，尤為深入淺出，有裨實用。鄭樵在其寄方禮部書亦曾有驚人之論。其言曰：「有文有字，學者不辨文字；有史有書，學者不辨史書。史者官籍也，書者儒生之所作也。自司馬以來，凡作史者皆是書，不是史。」凡此寥寥數言，誠足當有膽有識之目。鄭氏之所以不朽，此蓋亦其一因。

此種觀念至章學誠而益明，其發揮兩家流別之淋漓盡致，就著者管見所及，實為章氏史學上之一種卓見，並亦為文史通義中之一種精華。文史通義書教篇之言曰：「易曰：『筮之德，圓而神；卦之德，方以智。』閒嘗竊取其義以概古今之載籍。撰述欲其圓而神，記注欲其方以智也。夫智以藏往，神以知來。記注欲往事之不忘，撰述欲來者之興起。故記注藏往似智，而撰述知來擬神也。藏往欲其賅備無遺，故體有一定而其德為方。知來欲其決擇去取，故例不拘常而其德為圓。」章氏所謂「撰述」，非即吾人今日所謂著作乎？故欲其決擇去取，例不拘常。所謂「記注」，非即吾人今日所謂史料乎？故欲其賅備無遺，體有一定。此種見解雖或襲自劉氏與鄭氏，然就其說明之精闢而言，則非精於史學者不辨。

章氏對於史料著作關係之密切，所見較劉氏僅言「相須而成其歸一揆」者，尤為澈底。其報黃大俞先生之言曰：「古人一事，必具數家之學，著述與比類兩家，其大要也。……兩家本自相因而不相妨害。拙刻書教篇中所謂圓神方智，亦此意也。但為比類之業者，必知著述之意，而所次比之材可使著述者出得所憑藉有以恣其縱橫變化。又必知己之比類與著述者各有淵源；而不可以比類之密而笑著述之或有所疏，比類之整齊而笑著述之有所畸輕畸重則善矣。蓋著述譬之韓信用兵，而比類譬之蕭何轉餉；二者固缺一而不可，而其人之才固易地而不可為良者也。」以韓信用兵、蕭何轉餉二語形容材料、著作互相為用之關係，深切著明，莫以逾此。世之編纂國史者，似尚欲力追史遷之決擇去取而不屑為班漢之賅備無遺。其亦不慮為章學誠之徒所竊笑耶？吾輩有志於國史之整理者，對於劉、鄭、章諸氏史料著作應分兩家之說，正宜盡力發揚，固可無待於稗販西洋史學而後恍然大悟，渙然冰釋也。

劉知幾紀傳、編年不可偏廢之說，雖千餘年來為吾國史家所奉之圭臬；而吾國史家對於史料與著作雖因之不甚分明；然見及通史一體與記注之業有別，並從事編纂者亦正不一其人，而且為時亦已甚久也。特此種專家著作之見解過於高深，故亦正如史料著作之流別然，雖早已分明，而末學膚受終未能為之發揚光大耳。

吾國史家之見及通史一體者，當仍首推劉知幾為樹之風聲，至鄭樵而旗幟鮮明，而章學誠為最能發揚光大。劉氏在史通惑經篇中之言曰：「書事之法，其理宜明。使讀者求一家之廢興，則前後相會。討一人之出入，則始末可尋。」鄭氏在夾漈遺稿寄方禮部書中亦曰：「諸史家各成一代之書而無通體。樵欲自今天子中興上達秦漢之前著為一書曰『通史』，尋紀法制。」然劉氏對於通史之見解似僅略啟曙光而已。至於鄭氏之所謂「通史」，就其通志而論，實係仿司馬遷之作，蓋對班固以後之斷代史而言，以視章學誠所主張「經緯縱橫」之通史，誠大有逕庭之別。此或即章氏所謂「生於後代，耳目見聞自當有補前人。」非劉、鄭二氏之過也。

章氏發揮通史之意義，辨別通史之利弊，以及敘述通史編纂之沿革，誠可謂詳盡無遺，首尾完具。文史通義答客問之言曰：「史之大原本乎春秋，春秋之義昭乎筆削。筆削之義不僅事具始末文成規矩已也。以夫子『義則竊取』之旨觀之，固將綱紀天人，推明大道，所以通古今之變而成一家之言者，必有詳人之所略，異人之所同，重人之所輕，而忽人之所謹；繩墨之所不可得而拘，類例之所不可得而泥；而後微茫杪忽之際，有以獨斷於一心。及其書之成也，自然可以參天地而質鬼神，契前修而俟後聖。此家學之所以可貴也。」通史定義之分明至此，又何以加焉？

至於通史之利弊，章氏在文史通義釋通篇中列舉「其便有六：一曰免重複，二曰均類例，三曰便銓配，四曰平是非，五曰去牴牾，六曰詳鄰事。其長有二：一曰具剪裁，二曰立家法。其弊有三：一曰無短長，二曰仍原題，三曰忘標目。」凡此雖僅就吾國舊史而言；然即通諸現代西洋之所謂通史，亦可當至理名言之評語而無愧色矣。

吾國通史編纂之沿革，劉、章二氏均曾述及之。劉氏在史通六家篇中將史記獨立一家，通釋謂史記本紀傳家之祖，而劉氏以史記通古為體，故別為一家。觀此則劉氏固以司馬遷為吾國通史一體之鼻祖。章學誠所謂「馬則近於圓而神」，亦即此意。故四庫全書總目史部別史類通志提要曰：「通史之例肇於司馬遷。故劉知幾史通述二體，則以史記、漢書共為一體，述六家則以史記、漢書別為兩家；以一述一代之事，一總歷代之事也。其例綜括千古，歸一家言；非學問足以該通，文章足以鎔鑄，則難以成書。梁武帝作通史六百二十卷，不久即已散佚。故後有作者率莫敢措意於斯。」也。

章學誠文史通義釋通篇敘述吾國通史一體之源流，較史通、史記家一節中尤為詳備。其言曰：「梁武帝以遷、固而下，斷代為書，於是上起三皇，下迄梁代，撰為通史一編，欲以包羅眾史。史籍標通，此濫觴也。嗣是而後，源流漸別：總古今之學術，而紀傳一規乎史遷，鄭樵通志作焉。統前史之書志，而撰述取法乎官禮，杜佑通典作焉。合紀傳之互文，而編次總括乎荀、袁，司馬光資治通鑑作焉。彙公私之述作而銓錄略仿乎孔、蕭，裴潾太和通選作焉。此四子者或存正史之規，或正編年之的，或以典故為紀綱，或以詞章存文獻；史部之通，於斯為極盛也。至於高氏（唐高竣及子迥）小史、姚氏（唐姚康復）統史之屬，則撙節繁文，自就隱括者也。羅氏（宋羅泌）路史、鄧氏（明鄧元錫）函史之屬，則自具別裁，成其家言者也。范氏（宋范質）五代通錄，熊氏（宋熊克）九朝通略，標通而限以朝代者也。李氏（李延壽）南北史，薛歐（薛居正、歐陽修）五代史，斷代而仍行通法者也。其餘紀傳故事之流，補輯纂錄之策，紛然雜起；雖不能一律以繩，要皆仿蕭梁通史之義而取便耳目。史部流別，不可不知也。」

久已散佚之梁武帝通史，既繼史記而作，並為吾國標名「通史」之濫觴，茲故進述其內容何似。據劉知幾六家篇中所述：「梁武帝敕其群臣，上自太初，下終齊室，撰成通史六百二十卷。其書自秦以上，皆以史記為本；而別採他說以廣異聞。至兩漢已還，則全錄昔時紀傳；而上下通達，臭味相依。又吳蜀二主皆入世家，五胡及拓跋氏列於夷狄傳。大抵其體皆如史記；其所為異者，唯無表而已。」

章氏所述之通史本端就吾國固有著作而言；至於章氏通史觀念之真相，蓋尚有進於此者在焉。就消極方面論，為章氏對於鄭樵通志及袁樞紀事本末之極意推崇。章氏史學甚深，律人甚刻，史家如歐陽修輩，文人如韓愈、蘇軾、王安石輩，學者如戴震、汪中輩，莫不以不諳史學受其指斥；而獨於鄭、袁二氏讚美有加；一則稱之為「為世宗師」，一則稱之為「神聖創作」；此無他，二氏為通史專家，故章氏不自覺其引為同調耳。其推崇鄭樵也，甚至仿劉知幾申左之意而特著申鄭一文，謂鄭氏「獨取三千年來遺文故冊，運以別識心裁，蓋承通史家風，而自為經緯，成一家言者也。」「自遷、固而後，史家既無別識心裁，所求者徒在其事其文；惟鄭樵稍有志乎求義。」其推崇袁樞也，在文史通義書教篇中詳言之，謂「本末之為體也，因事命篇不為常格。非深知古今大體，天下經綸，不能網羅隱括，無遺無濫。文省於紀傳，事豁於編年，決斷去取，體圓用神，斯真尚書之遺也。」其與邵二雲論修宋史時竟謂「尚書神聖製作，千年來可仰望而不可接者，至此可以仰追。豈非窮變通久，自有其會！」就通志與紀事本末二書本質而論，章氏本亦深知其難滿人意，故謂通志為「實不副名」，謂紀事本末為「本無深意」。特其「發凡起例，絕識曠論，所以斟酌群言為史學要刪。」正合章氏求通之見，故章氏不惜盡力表揚之耳。

再就積極方面論，章氏曾著史篇別錄例議一文，指示吾人整理吾國舊史之途徑。彼以為吾國舊日史籍中之二體，雖義例甚精，文章甚富，然紀傳則苦於篇分，編年則苦於年合。吾人應提綱挈領，另為別錄一篇，次於諸史目錄之後，使與原有目錄相為經緯。內容以事為綱，而紀、表、志、傳之與事相關聯者各注於別錄；則詳略可以互糾，而繁複可以檢省。章氏此論，實為吾人整理中國舊史最為折衷至當切實可行之方法，為吾輩更上一層以達理想通史之津梁；所謂「載筆之士或可因是而恍然有悟於馬、班之學」者是也。

是故吾人綜觀章氏學說，則所謂通史者，其為物也，綱紀天人，推明大道；通古今之變，成一家之言。其為法也，參百家之短長，聚公私之記載；旁推曲證，聞見相參；顯微闡幽，折衷至當。其為文也，或詳人所略，或異人所同，或重人所輕，或忽人所謹；繩墨不能拘之，類例不能泥之。以視紀傳體之成規定體，及編年體之以事繫時，其神明變化固大有天淵之別矣。

唯是通史性質，經緯縱橫；編纂之功，初無規矩；所謂心知其意傳諸其人者是矣。

紀昀在通志提要中嘗謂通史之例：「非學問足以該通，文章足以鎔鑄，則難以成書。故後有作者，率莫敢措意於斯。」又在史緯提要中亦謂「網羅百代，其事本難。梁武帝作通史六百卷，劉知幾深以為譏；司馬光進通鑑表亦稱其中牴牾不能自保。」吾國通史一體之曲高和寡，此殆為其最大之原因矣。

綜上所述者觀之，吾國舊日之所謂通史，史記一書實為嚆矢，其難滿今日吾輩之意固不待言。至於章學誠通史觀念之明確，固遠駕西洋史家之上；然亦終以時代關係，未能以切實之方詔示後世。吾輩生當後代，耳目見聞自當有補前人；益以今日中外交通，萬國庭戶；則西洋史家通史義例之或能稍補章學誠輩之缺憾者，其可不稍負介紹之責乎？此著者所以不揣固陋有本書之纂述也。

吾國近年來史學界頗受歐化潮流之激盪，是以努力於通史編纂者頗不乏人。其對於西洋史學原理之接受，正與一般政治學家、經濟學家、新文學家同，一時頓呈饑不擇食、活剝生吞之現象。偏而不全、似而非是之通史義例因之遂充斥於吾國現代之史著中。彼曾習統計學者，以為研究歷史應用統計法焉；彼曾習生物學者，以為研究歷史應用進化說焉；彼曾習自然科學者，以為研究歷史應用因果律焉；彼曾習經濟學者，以為研究歷史應用經濟史觀焉；彼曾習論理學者，以為研究歷史應用分類法焉。一時學說紛紜，莫衷一是；大有處士橫議百家爭鳴之概，誠不可謂非吾國史學界復興之徵兆也。

唯是吾輩研究歷史，志在求通，則欲其名實相副，決非片面義例所能勝任而愉快。試細考上述之各種方法，或偏而不全，或似而非是，幾無一足當通史義例之目。茲請先言統計學上之統計法。世之學者，鑑於社會科學之方法重在統計之比較也，遂以為歷史事實之演化，亦可以數目或曲線代表之。殊不知欲以此種方法研究演化上之因果關係，實不可能。而且即使能藉數目得到一種相當之概念，亦仍未足以盡史學之能事也。蓋統計法所能為力者，充其量僅物質狀況或人類行為之外表而已，而非社會演化之真因也；真因為何？即人類內心之動機是已。統計法在史學上所以為似而非是、偏而不全之方法者，此也。

再言生物學上之進化說。世之學者以為人類既屬生物之一支，而社會事實又屬人類之產品，則人類社會之演化自應合乎生物學上之定律，因此遂將生物學上之方法與定律依據比論而引入歷史研究中。殊不知社會與生物間有根本不同之一點焉，即前者具心理上之性質而後者則具生理上之性質是也。生物學之方法所能研究者，生理現象而已，非心理現象也。生物學方法在史學上所以為似而非是、偏而不全之方法者，此也。

再言自然科學之方法。世之學者鑑於自然科學之注重因果律，而歷史又被尊為科學之一種也，遂以為研究歷史當用自然科學之方法以求得社會進化之因果律。殊不知自然科學與史學雖同以實質為根據，然兩方研究時之觀察點絕不相同。前者對於實質抱一種通概眼光研究而組織之，以求得因果定律為止境；後者對於實質則抱一種求異眼光研究而組織之，旨在求得社會演化之渾淪。而且科學定律純自觀察與實驗得來；至於史家所能為力者，衹於事實殘跡之中，用間接主觀方法以求得過去人類之全部狀況。自然科學方法在史學上所以為似而非是、偏而不全之方法者，此也。

再言經濟學上之經濟史觀。世之學者鑑於人類社會之經濟生活大有影響於社會階級之產生，並因之而大有影響於政治之制度也，遂以為經濟史觀足為研究全部人類社會生活上之線索；吾人可藉以瞭解人類在政治上、宗教上、理智上之一切活動。殊不知人類社會之組織，並不純受經濟生活之駕馭者也。足以限制人類社會之演化者，尚有各種環境焉、生理狀況焉、理智程度焉，固不僅物質享樂之一端已也。古今來宗教上、科學上、哲學上、政治信仰上之信徒與烈士，或殺身成仁，或超凡入聖，其宗旨亦何嘗在於獲得物質生活上之快樂。此即吾國孔、孟之徒所謂義、利之辨也；人類固不盡皆屬喻義之「君子」，然亦何嘗盡屬喻利之「小人」耶？經濟史觀在史學上所以為似而非是、偏而不全之方法者，此也。

再論論理學上之分類法。世之學者鑑於論理學上之重在分類研究也，遂以為將人類以往事跡分類排比即足盡史家能事。殊不知人類個人或團體之各種思想或行為間，皆含有一種共通性。人類一切活動莫不出於大腦之同一中樞。其所表現之思想與行為初無分於政治或經濟與宗教或教育者也。吾人之分別之也，純屬形上之玄理，無非便於作分析之研究而已，與人類內心真相並不符合。吾人如以分類纂輯方法研究人類之歷史，又何異分水為氫、氧二種元素而強指氫、氧為水乎？分類方法在史學上所以為似而非是、偏而不全之方法者，此也。

是故上述諸義例，雖皆有裨史學，足資參考；然試細究其實際，則無一非偏而不全、似而非是。吾國學者正在厭故喜新之時，露有急不暇擇之態；歧路徬徨，莫知所止。則援引新說，辭而闢之，固末學之責矣。此又本書所以纂述之一大理由也。

近日吾國學者一方鑑於吾國史家如章學誠輩對於通史之推崇，一方又鑑於近人介紹之西洋史學名著皆屬通史之一類；遂誤以為現代理想上之史著當以通史為正宗，其他文獻似均可付之一炬。此或一種對於二體桎梏之反動，原亦未可厚非。特以通史者乃鈎元提要之功，所以備常人之瀏覽；其他諸史皆屬史料，乃守先待後之業，所以備後人之要刪。家法雖不相同，功用初無軒輊。此不能獨尊通史者一也。夫通史良才，世稱難得；則謹守繩墨以待後人之論定；不特勢所必至，亦且理有固然。若不務史料之整齊而唯事通史之著述；萬一世無通史之人才，不且遂無史書之可攬？此不能獨尊通史者又一也。且成書必有所本，非可憑虛杜撰者也。故比次之功實急於獨斷之學。吾人若藏有豐盈史料，則縱無通史庸何傷？而通史之作則斷不能不以史料為根據。此不能獨尊通史者又一也。總之通史為便覽之書，史料為通史之庫。如徒求便覽之書而不惜毀史料之庫，是得魚亡筌而捨本逐末也，又豈通達之論哉！世之君子覽著者此書，或將恍然於斯言之不盡無據焉。此本書所以纂述之又一理由也。

總而言之，著者之作此書，唯一宗旨在於介紹西洋最新之通史義例，蓋因其依據各種最新人文科學研究而來，較吾國固有者為切實而適用，足備國內史家之採擇；初不敢因其來自西洋，遂奉之為金科玉律也。此外，著者不揣固陋，並欲藉此書以與國人商榷三種管見焉：即史料與著作應分兩家而後通史之觀念方明；現代吾國流行之通史義例似而非是；及通史不宜獨尊是也。一得之愚或未盡當，幸覽者有以糾正之。

本書凡分兩編。上編計分十章，專論社會史料研究法，凡史料考訂與事實編比之理論及應用，均加以系統之討論。下編計分十一章，專論社會史研究法，凡社會通史之著作及其與他種歷史之關係，均加以淺顯之說明。同時對於其他各種似而非是、偏而不全之義例，亦復隨處加以相當之估值。卷首並有詳密之目錄，讀者可開帙求之，茲不再事提綱矣。

至於本書所述之原理十九採自法國名史塞諾波所著應用於社會科學上之歷史研究法（Ch. Seignbos: *La Méthode Historique Appliquée aux Sciences Sociales*）一書。著者雖略有疏通證明之功，終未敢掩襲他山之美。又本書脫稿之後，承友人王伯祥君校讀一過，多所商訂。爰並誌數言，以表感佩。

民國十七年雙十節，著者謹誌於上海閘北

導言　歷史研究法與社會科學

一、歷史研究法——歷史之性質——歷史研究法之間接性質——歷史之作用

歷史研究法者，用以構造歷史之方法也。先以科學方法決定歷史之事實，再用科學方法以編比之。

是故就形式理論而言，吾人似有一種科學焉，謂之歷史。此種科學所研究者，為某一範疇之事實，謂之歷史的事實。而研究此種事實自有一種適於此種事實性質之方法——正如吾人有用化學方法研究化學事實之化學、用生物學方法研究生物學事實之生物學，或者試舉一描寫科學之常例，如描寫動物界之動物學。歷史應屬一種觀察之科學。而且甚至吾人似可限制歷史所研究者之範疇，即歷史所研究者，乃「過去的」事實，而且「人類的」事實是也。動、植物之過去事實不屬歷史範疇中；所謂「自然的歷史」一

觀念，至今已廢而不用。現代所謂歷史，專指研究生存在社會中之人類而言。蓋一種研究過去人類事實之科學也。

然當吾人欲在實際上明定歷史之範圍，且欲劃分研究過去人類事實之歷史學與研究現在人類事實之科學為兩種科學時，吾人即知此種界限勢難建設成功。蓋就實際真相而論，事實本身本無所謂「歷史的」性質，如生理學上或生物學上之事實然。通常所謂「歷史的」一名詞，仍沿襲舊義：即值得敘述之意。吾人所謂一個「歷史的時日」或一個「歷史的名詞」，此意即在於此。然此種觀念久已為人所擯棄。所有過去之事實皆係歷史之一部分，戰國時代趙武靈王所服之胡服，歷史事實也；漢高祖在白登之圍，亦歷史事實也。而使歷史事實值得敘述之動機，尤為不可勝數。歷史研究所包括者，所有過去之事實也，或屬政治，或屬思想，或屬經濟，其過去也，大部分為吾人所不覺。是則歷史事實之意義似可定為「過去之事實」，以與描寫現在人類之科學相對。殊不知此種對待在實際上斷乎無法維持。所謂現在或過去，並非事實內部性質上有何殊異也，此僅觀察者之位置上有所不同耳。辛亥年之革命在吾人視之固屬過去，在當時參與其事者，觀之則屬現在，即昨日之國務會議已屬一件過去之事實矣。

是故就事實本質而論，世間並無所謂歷史的事實。所謂歷史的事實僅就其位置而言。凡屬現已不存、無法直接觀察之事實，均歷史的事實也。事實本身原無歷史的性質，祇就認識事實之方法而論，方有所謂歷史的事實。故歷史者，非科學也，僅一種認識方法而已。

吾人於此有一研究歷史之先決問題焉。現已不存之事實，吾人將何由知之？試舉阿房宮之焚毀為例：焚毀宮殿之項羽今已去世矣，幽居宮中之婦女今已無存矣，宮殿亦久已夷為平地矣。或再舉一經濟事實為例：明神宗時，各地開礦之工人今已去世矣，當日主持開礦之大臣今亦已去世矣。一件事實中之各元素今已無法觀察，吾人將何由明事實之真相耶？即不見行事之人，又不見出事之地，吾人將何由知其行為耶？

解決此種困難之方法有如下述。假使吾人所欲知之行為至今已無遺跡之存在，則吾人決無明瞭此行為之希望。然事實之已消滅者，往往留其遺跡於後世，有時直接以物質形式遺下，有時則由目睹此種事實之撰人間接以著作形式遺下，而後者尤較為常有之事。此種遺跡謂之「史料」，歷史研究法即研究此種史料之方法，目的在於決定此種留有遺跡之古代事實為何。歷史研究法自直接觀察所得之史料入手，自此以一種複雜之推理進程以達於吾人所欲知之事實。是故此種方法與其他各種科學方法根本不同。其研究事實也在於根據史料而加以間接之推理，非直接之觀察也。所有歷史之知識均屬間接之智識，故歷史之為學，實屬推理之科學，其方法乃一種用推理進程之間接方法也。

此種方法顯然不如其他科學方法之完備，蓋一種權宜之計而已。吾人如能確用正當之方法——即直接之觀察——則吾人必將避免此種變通方法而不用。在普通科學中，如物理學、化學、生物學等，吾人即無此種習慣，蓋此諸科學所研究者，乃各種現象永久之通例也。故加以實驗與觀察即可矣。然當吾人欲明瞭一種演化情形時，吾人即不能不將吾人所能觀察之現在事實，與吾人所不能觀察之過去事實兩相比較。吾人因之不能不求援於間接之方法，蓋唯此方可得到過去之事實也。當吾人欲明瞭一個範圍廣大之具體的渾淪時，吾人不能不綜合多數之事實。例如吾人欲研究一地方之全部的農業問題，各觀察者僅能觀察極小之一部分，不能不於個人直接智識之外，再加以其他觀察者之智識；即不能不以正當之觀察與其他觀察者所述之史料合而為一也。吾人欲研究此種史料，不能不用間接之方法，即所謂歷史方法者是已。

是故根據史料之間接研究法，僅能用之於二處：

㈠為縱的演化之研究。

㈡為橫的具體渾淪之研究。

歷史研究法與其他科學方法相同，其作用有二：

㈠研究史料以決定留有此種遺跡之過去特種事實為何。

㈡事實決定之後，乃編比而成一種系統以發現各種事實間之關係。

二、社會科學——此名詞之舊義——實在之意義——社會科學之性質

何謂社會科學？

就社會一詞之本義而論，則凡屬研究社會事實——即社會中所產生之事實——之科學皆得謂之為社會科學。如人類所有之各種習慣（語言、風俗、營養、服制、居室、儀節、娛樂等）、理智現象（美術、科學、宗教、哲學、道德等）、政治或經濟制度皆是。

孔德（Auguste Comte）所創之「社會學」一名詞，即根據此種尋常意義而來，以標明研究社會中一切現象之科學。斯賓塞爾（Herbert Spencer）在群學肄言中之所謂社會，亦含此意。然為辯護社會學之範圍起見，社會學家往往拔去此詞原意之大部分，所留者

僅模糊影響之意義而已。星美爾（Simmel）曾欲重新明定社會學為各種社會中共同現象之抽象的研究。

社會學一名詞為哲學家所發明，其意蓋欲以一名詞概括各種獨立之科學於一個綜合哲學觀念之下。社會科學一詞之所指，大體亦屬此同樣之各種研究。專門家所以引用此名詞而又不含渾淪觀念者，蓋欲應付一種實際上之需要。此詞意義之必須明白確定，其實際理由亦即在此。而吾人如欲明瞭此詞之真義，非略知此詞之歷史不可。

「社會的」一詞在十八世紀時仍有其一般之意義，盧梭之社約（*Contrat Social*）實即一種政約也。

當十九世紀前半期，其意義始有限制，所謂「社會的」為一與「政治的」相對之名詞；專指各種制度及習慣之不直接由政府所組織者而言。如家庭、如財產、如階級等皆是。吾人至是以「社會狀況」為「政府狀況」之對待名詞，各種制度史其原來意義即係如此。例如在戰國時代各階級之描述，如庶人、商人、世卿等，屬於「社會的」狀況，政府與軍隊則屬諸「政治的」狀況。就此種意義而論，所謂社會歷史應為一種階級、特權、各級人員及其關係之研究，以及私人結合如家庭之類之歷史。

至十九世紀後半期，此詞之意義漸廣而另含新義。其時研究人類之新科學開始發生，此詞遂被移用於諸新科學之上。當吾人對於社會及社會現象尚未有明確之觀念時，已有數種研究人類社會科學之構成。就中有產自歷史者，蓋歷史仍係一種過去事實之混亂研究，為政治行為及制度之科學而雜以學術及考古學者也；其他則為某種實際研究之漸變為歷史者，如神學之變為宗教史、法學之變為法律史、修辭學及哲學之變為文學史及哲學史、美術之變為美術史是也。此各種科學自始即各有其專家，遂各組成一種獨立之科學而標以特殊之名稱。

研究社會之科學其組成為最遲，乃在十九世紀耳；雖標名曰「社會的」，其實質蓋早已成墟矣。此詞意義之所以如此隘狹，其理由即在於此。假使吾人自所有研究廣義社會現象之科學中，去掉所有從前已成專門科學之各支，其殘留之物即現代吾人所謂「社會科學」也。

構成社會科學之研究計有三類，其源甚遠而卒至合流。

其中一類由根據科學方法之一種統計學而產生。最初之努力為十七世紀末年配的（Petty）之著作及死亡統計表。然吾人須知欲以有系統之方法研究數目，並欲自數目研究中得到一般之結論，則吾人所能應用之數目必須完備，而且必須與各種不同之現象有關。此種工作近日方始開端，而其他各支則早已成為特殊之歷史。而且此種工作之開始並不在研究科學之大學中。當吾人初次曉然於統計學之重要時，吾人曾欲予以一名以定其在科學中之位置。開德雷（Quételet）於一八三二年出版一文曰吾人對於限制社會元素之原因有衡量其影響之可能（*Surla Possibilité de Mesurer l' Influence des Causes qui modifient les Eléments Sociaux*），一八三五年又發表其社會物理論（*Essai de Physique Sociale*）。自此統計學遂列入科學之林。當統計學再分支派時，其主要之一支即為人口學，人口一詞，意義之隘狹，蓋正與社會一詞同。

其另一類之範圍最廣，蓋自研究經濟現象及經濟制度（生產、交換、分配）而來，生產方面（關於專門技術史之地位，吾人殊為難定）及消費方面（營養、服制、居室、費用），其界限均不甚明。此種研究之名曰政治經濟學者甚久。唯此詞之意有限於理論之傾向，此蓋經濟學之雛形也。他日對於現在現象之描寫，漸以觀察方法建設而成為社會科學。

此種意義上之離異，適當社會主義派發現之時，而且似受此派之影響而產生者也。其根本觀念以為經濟組織為一切社會之基礎；所謂改良社會即改良經濟制度；此說也

「馬克思信徒」持之尤力。其他社會事實則均置之第二位，不僅理智上及宗教上之事實為然，甚至政治上之事實亦復如此。此輩曾要求政治改革為經濟改革之前提而終無結果，即此足證經濟組織仍不能不受政治制度之駕馭。據社會主義者之意，所謂「社會的」事實，純屬經濟的事實。而此輩即應用此種意義於社會科學中，所謂「社會科學」者，乃漸變為經濟科學之別名矣。

第三類之性質完全與上述二類不同。研究經濟現象者，同時不能不研究經濟上之假說及原理，以為經濟改良及革命之備。於是昔日與哲學史、科學史混合之原理史，至是乃分離而獨樹一幟。此即社會科學中第三類之經濟原理及計畫史所由來也。

是故現代社會科學所包括者為：

㈠統計科學，包括人口學。

㈡經濟生活科學。

㈢經濟原理及計畫史。

一八九〇年，德國出版之政治學小詞書（*Handwörterbuch der Staatswissenschaften*），即以上述之意義為其範圍，以為自有「國家社會主義」以來，「國家」一詞另具新義而與「社會」同。英國之馬約斯密（Mayo-Smith）視人口學與政治經濟學之二種研究為一物（統計與社會學，一八九五年）。一八七三年，後德國之社會政治協會（Verein für Sozialpolitik），其意義亦即如此。隨此而起者，為一八九六年斯坦姆漢麥（Stammhammer）之社會政治書目（*Bibliographie der Sozialplolitik*）。法國香白倫伯爵（Comte de Chamibrum）之「社會博物院」、「社會科學院」，以及「社會研究高等學校」等名詞中，「社會」一詞之意亦即如此。

是則就現代實際上之習慣而論，所謂社會科學僅限於現象之一部分也。社會科學之性質實甚混雜：合㈠經濟行為及制度之研究；㈡人類行為及制度之統計；㈢原理史等三者而成。其中僅有一種共同之性質，即其所研究者，皆屬與人類物質利害有關之現象是也。

此種現象可分為二類，而與其中之二種科學相應：㈠現象之屬諸身體、數目、性別、年齡、衛生、疾病及生死者，皆人口學之對象也。㈡經濟現象，如以生產、分配、消費等為目的之人類與物質之種種關係，此則屬諸廣義經濟學之範圍者也。其界限不能絕對分明。經濟事實中有純屬理智上者，如財務行政是；然仍被視為社會科學者則以其與交換上之物質現象有密切之關係故也。然社會科學所研究之事實，其一般性質均屬物質之事實，吾人欲以物質的觀察法加以研究者也。

三、社會科學中歷史研究法之必要——對於現代現象之研究——對於現象演化之研究

吾人至此可知在此種意義中之歷史研究法對於在此種意義中之社會科學，何以為必不可少之物。

㈠所有社會科學，無論其為人口學、經濟學，必須直接觀察現象而後方能構成。然實際上現象觀察之範圍往往極其有限。吾人欲求得廣大之智識，非求援於間接的方法不可，即史料是也，而研究史料當然不能不用歷史研究法。無論此種史料或成於漢武帝時代，或成於現代，其研究方法則同，或至少研究之根本原則必同。是故吾人雖欲利用現代史料而適當無誤，亦非應用歷史研究法不為功矣。

㈡所有社會科學所能應用之現象並非永遠不變者也，吾人如欲瞭解其性質，非先明瞭其演化情形不可。即如人口學上最簡單之事——人數——吾人如欲得一科學上之智識，亦以演化為主要之元素。經濟生活上之演化，吾人尤有明瞭之必要，蓋各種經濟組

織之性質，非研究其過去之歷史不能瞭解也。此為過去社會現象之一種歷史的研究，而此種研究唯有用歷史研究法方可。

是故吾人為解釋史料計，必須應用歷史研究法於社會科學上。蓋社會科學之研究多以史料為根據；社會科學之智識多用間接方法得來者也（實際幾乎所有社會科學上之事實，均用間接方法得來）。當事實集合之後，吾人不能不用與歷史研究法相仿之方法以編比之；蓋社會科學上之事實，幾全用歷史的進程得來，而組成一種有系統之渾淪者也。

上編　社會史料研究法

第一章　史料之理論

一、史料之性質——史料為一種過去行為之遺跡——產生史料各種必要工作之解析：文筆、語言、思想、信仰、智識——各種工作與實際真相之連鎖

一種史料如何能使吾人獲得對於一件事實之智識乎？史料與事實間，其有一定之關係足以使明瞭史料者可因之而明瞭事實乎？如史料而能供給過去之消息，則史料本身必係過去事實所留之一種遺跡。對於研究過去事實之歷史家，史料固一種消息也。遺跡之種類有二：一屬直接，一屬間接；吾人須分別研究之。

直接之遺跡為實物，例如建築物、機器等，為過去人類活動之產品，可助吾人直接明瞭此種活動之為何。當吾人欲明瞭一種實業之方法或其產品時，吾人可以利用直接之遺跡，如材料或工具皆是。工藝史之史料即係如此。然社會科學並無此類之研究；而且

此即社會科學特有之性質也。蓋社會科學所研究者為社會現象，而其根本之對象則為實物；人口學所研究者為人體之分配及物質上之事實，經濟學所研究者為財富之生產與分配。然社會科學與真正物質部分之現象完全分離；人體之研究讓諸人類學或人種學為之，工業方法之研究則讓諸機械學為之。社會科學所研究者非屬於人體或行為之物質現象也，乃屬於人體間或行為間之抽象關係也；亦即研究人體或行為之數目，或各種經濟制度也；換言之，即研究人與物之關係也。是故在社會科學中過去之直接遺跡，實無利用之餘地。

間接之遺跡為文字；吾人通常專稱之為史料。史料為物僅能使吾人直接認識撰述史料者之思想而已；蓋史料僅係心理事實之遺跡也。然吾人可以憑藉史料間接以求得外部之事實。社會科學並不用另一種之史料。人口學之史料或係人口計算之元素（人數、長短、輕重及價值等之衡量），或係用算學或幾何形式所表示之計算結果。經濟之史料或係統計，或係制度之描述（調查、報告、專篇著作等），或係公、私所定各種制度施行之規則。原理史之史料係著作家或宣傳者之作品。一言以蔽之，社會科學所利用者，僅文字一端而已。史料原理之得以成立，其故即在於此。

文字與社會事實如何能發生關係？吾人欲瞭解此種關係——往往間接而迂遠——吾人不能不分析史料所以出世之條件，而且不能不重新實現產生史料時必要之各種步驟。必如此而後吾人方知經過此種步驟以後，能否在史料與事實之間尋出關係，俾吾人得以藉此明瞭事實之真相。

此種分析工作當然抽象而繁瑣，吾人為便利起見，試在社會史料中取一極簡單之報告為例。試任取一種統計之報告而分析其出世之各種步驟，以達觀察者直接獲得此種事實之出發點；換言之，即此種書面報告成立之出發點；則吾人所得者有如下述。

吾人試取此報告，在直接方面，吾人所見者，白紙上之墨跡也。此種墨跡如何產生乎？當然出諸作報告者之手。吾人於此而遇第一個中介，即文字是也；亦並於此而遇第一種錯誤之原因；即撰人所書之文字或有乖誤，或有脫落是也。

此種墨跡並非任意下筆者也，其形式蓋隨一種書寫制度而為觀察者所深知者。由此種墨跡，吾人乃追蹤觀察者所欲書諸紙上之符號，在吾人所用之文字制度中，此種符號蓋表示一種語言之音韻，而為撰人所能發音者。吾人於此乃遇第二個中介，即文字之符號是也；而且並遇第二個錯誤之原因，如撰人而不識音韻學，則此種錯誤之機會極多。

例如不諳音韻學之人或誤「末」為「未」，或誤「干」為「千」，失之毫釐，謬以千里。吾人欲得其真義，非能以語音表出之不可。

語言本身不過一種心理思想上之生理符號而已。當發言之時，撰人必懷有一種思想。吾人於此乃遇第三個中介，即語言是也。吾人欲追溯撰人之思想而明瞭其字義，吾人不能不瞭解撰人所用之語言。而且於此又遇第三種錯誤之原因。撰人對於此種語言或不甚瞭解，或以習用之意義加諸外來新字之上，例如誤「考訂」為「批評」，或誤「評論」為「抨擊」，皆其著例。

然在文字上所表出之思想不盡係撰人心中所信仰之思想。例如彼自謂彼之為佛教徒乃戲言耳，或謂彼之自稱為百歲老人乃誇言耳之類。吾人於此乃遇第四個與第五個之中介；吾人審察其文義時，不能不追溯撰人真正所抱之觀念，並藉此觀念以審察撰人誠心所信仰者為何。而且於此又遇第四種與第五種錯誤之原因，即誇飾及誣罔是也。

吾人至是乃深入撰人之心理狀態，而瞭然於其所信仰者為何。如吾人所欲研究者僅係原理問題，則吾人工作至此已告完成，毋庸再進；因史料已能以撰人信仰詔示吾人也。研究社會原理之歷史，實際上各種步驟即止於此。

然吾人而欲瞭解一件外部之事實，即不能以深知撰人之信仰為已足。吾人所欲研究者，則正外部事實也；而撰人或本已受人之欺罔，例如一己年歲之多少，即非吾人所能自知，而純賴他人之報告。故撰人意見之有價值與否，純視其對於事實真相有無正確知識為標準；而知識之正確與否，又視其是否由正確之觀察——或親自觀察或重述他人——而來。吾人於此乃遇第六個亦即最後一個之中介：即吾人必須由撰人內心之信仰以達一種外部事實之觀察。是故史料為物既經過上述一切之中介，終與科學方法上之一種行為相接——即「觀察」是也。一種史料價值之高下，當以其是否源出正確之觀察，以為斷焉。

是故史學之為物，根本上似與所有觀察之科學相仿，歷史研究法似亦以其他所有科學方法上之原理為根據，蓋史料終係一種事實之觀察也。當天文家在觀象臺中，或化學家在實驗室中從事觀察而筆之於書，其觀察似與史料無異，蓋亦一種調查之報告也。然普通並不以「史料」二字加諸科學觀察報告之上，此中蓋有理由焉。史料與觀察蓋有一實際上不同之點焉。此所謂不同之點並不若通常所謂史料為一種久已不存無法觀察之事實的證據，科學觀察則可以再三重複行之之意。在天文學上，欲重行觀察一顆流星之飛過，絕不可能；然觀察一顆流星飛過之書面報告，則不僅一種史料而已。其不同之點實在「方法」。科學上書面報告之編纂依據一定之方法，嚴密而固定者也；至於史料之編纂初無一定之方法，其性質蓋與實驗室中助手之報告相同也。

是故吾人自手稿以追溯各種步驟，其必要者有如下述：

㈠撰人筆記報告時有一種用手的行為。

㈡在撰人心理中有一種對於書寫符號之觀念。

㈢在同樣心理中有一種代表文字之聲音。

㈣撰人所述有文義之文句。

㈤撰人所已瞭解之文義的觀念。

㈥撰人所抱而且易流於錯誤之信仰。

㈦撰人根據觀察事實所得之直接知識。

假使撰人之知識得自第二手，假使撰人所述者不出諸親身之觀察而重複他人之所述，則在上述之最後二種步驟間，並可插入另一個中介；即撰人所述者乃此中介觀察所得之報告也，而撰人對之並須經過上述之各種同樣步驟。

如吾人工作所施者已非手稿而係板本，則更加上一層困難。板本所代表者為根據手稿而來之一種印刷行為。是故欲追溯一種手稿，非經過印刷術上所有之理智作用不可。於此乃發生二種重疊之工作。然第一種工作在實際上無甚關係，蓋印刷術之狀況極便於觀察且便於重複試驗也；而且印刷時其清樣必曾經撰人自身之校對。

是故吾人如欲自一種史料中獲得一種事實之知識，吾人必須將所有介於其間之各種步驟重演一番，即設身處地抱撰人之心理而產生之，而且將所有連貫之行為一一表出之是也。至少吾人當注意各種步驟間關係之起點，即事實是也。而欲決定起點與終點之關係，則唯有此法而已；所謂終點，即史料是也。

實際上，在此種自事實以至史料之連鎖中，史料為撰人工作之終點而為吾人工作之起點；事實則為撰人工作之起點而為吾人工作之終點。吾人所能觀察者唯此二種實質而已。其為物也，無異鍊條上兩極端之二環，其一為撰人所曾觀察之事實，其一為撰人所陳述與吾人所能觀察之史料。所有介乎其間之諸環，如信仰、觀念、語言等，均屬諸心理狀況，吾人不能直接以觀察施之；吾人僅能以吾人固有內心狀況用比論以測度之；蓋吾人直接所知者，本僅吾人一己內心狀況而已也。歷史研究法所以純屬一種「根據比論的心理解釋」，其理由即在於此。社會科學之構成既純賴史料，則社會科學本身之不能不屈居於一種心理方法之下，固可斷言者矣。

二、史料之來歷——知人論世之必要——決定來歷之各種步驟

吾人知欲根據史料以求得知識，其條件如何？史料價值之高下，純視其與吾人所欲明瞭之事實有無關係。吾人以幻想中人物為材料而著成之報告，無論其情景如何逼真、文筆如何生動，終以內中消息純屬想像之故，吾人決不能稱之為史料也。

在報告與吾人所欲研究之一人之間，必有一種真正之關係。然僅有關係之存在尚未為足也，必也此種關係能為吾人所深知。撰人所編之報告雖入吾人手中，然若吾人不知其著作之時日與地方，則此種報告對於吾人即無價值之可言；蓋吾人不能藉以溯明各種正確之真相也。如欲使史料成為有用之物，吾人必須瞭然於此種史料與何種事實有關；換言之，即撰人在何種狀況中著作此種史料。吾人必須瞭然於著作之在何時？在何地？並著者為誰？此即吾人所謂「來歷」者是也。吾人對於史料所施之一切工作，必先自決定來歷入手。

此種論世知人之工作，為歷史研究法上必不可缺之一部分；在史學工作上占有一極重要之地位。吾人研究過去甚久之事實時，尤為如此。蓋過去甚久之史料，往往或因輾轉傳抄，或因時地不明，或因撰人名氏不著，或甚至因後人偽造假託之故，已非復本來面目。考訂工作之大部分在於恢復史料之原狀、解除史料之訛誤，以及決定史料之來源。此係一種不可或缺之廓清作用，以免陷入極大謬誤之危險；然於吾人之知識初無積極之增加。社會科學之工作通常皆限於當代，故對於此種外部之考訂工夫往往可以省去。史料之上往往標明正確之來歷，如出版時日、出版地方、撰人姓氏，甚至纂輯情形亦復詳述於序文中。考訂來歷工作於此幾無利用之餘地。故在實際上，考訂來歷之工作僅限於二種情形之中。

㈠吾人懷疑史料所標著作之時日或撰人之名氏不盡真確；史料內容與表面所標者顯然矛盾；或外部所表消息頗覺不倫。如吾人曾知撰人本身對於某事自稱躬逢其盛，而實則並未親身加以調查；或撰人所作報告中之文句與其尋常所用者不類；皆其例也。

吾人於此必須研究外部之消息以便明瞭史料真正之來歷；或分析史料以發現內部之矛盾及真正來歷之線索。吾人於此僅用歷史考訂法已足。總之，當吾人研究史料來歷時，吾人必須自懷疑入手；如欲不加考訂而利用之，則必須預向讀者聲明也。

㈡史料似非出諸一人之手筆（官書往往如此），吾人懷疑各撰人各抱互相矛盾之意見；或其所用方法各有不同之價值。吾人於此必須明瞭各撰人之工作如何劃分；並須竭力辨別各撰人所任之部分。否則吾人對於無法辨明之部分，決不可加以輕信；如不能不利用時，亦須特加聲明也。

第二章　考訂之原理

一、考訂之必要——輕信之自然傾向——輕信之動機

史料為一種物質上之產品，然同時亦屬一種象徵。其價值之高下，視其能否以象徵代表撰人精神所貫之各種步驟以為斷。所有此種步驟均屬心理作用也。而且即在最有利之情形中，其起點終屬一種絕無系統之觀察，超出科學觀察之規則以外。一種史料即屬最佳者，亦僅各種理智作用最後之一端而已，其起點終屬一種不充分之觀察。

是故吾人若視史料為一種科學上之觀察，則謬誤極大。當利用一種史料以前，吾人不能不謹受特種之告誡。此種告誡即構成歷史研究法之前半部者也，亦即所謂「考訂」者是也；換言之，即史料價值之估定也。

此種考訂工夫，在歷史上吾人固知其必不可缺矣；在社會科學中，其亦有必要乎？

吾人欲解答此問題，當以吾人研究此種科學之目的如何以為斷。如吾人之志願僅在謀利，則考訂工夫非徒無益而且有害者也。蓋如吾人著書之目的在於產生一種印象於公眾之上，或欲使之深信某一種實際政策之利弊，或欲使之震驚吾人學問之賅博，則最要一著即在藉口於與其過廢、毋寧過存之理由，出版其大而無當、外強中乾之作品。蓋一般讀者甚至具有學識之一般讀者，對於一種例如統計之著作，不特無暇亦且無意以證實其價值之如何；而蒐集材料之時間，且將為考訂工夫所虛費也。不特此也，考訂之業並不能增加固有之證據，僅能淘汰虛妄之證據；並不能增加已有之觀念，僅能肅清錯誤之觀念；故吾人所得之成績，永屬消極之一方。一般讀者對於社會科學僅賞鑑其量而已，蓋量者一望可知者也，實無暇以辨別其質。彼讀者初不辨何者為極意經營之著述，何者為自欺欺人之作品也。是故捨考訂工夫而不為，其利甚鉅。蓋一方可以節省時間，一方又無材料減少之虞也。吾人不甚樂於統計之利用，此蓋最要之一因。

吾人欲求考訂之有用，唯有抱科學眼光，力求真理，並辨明訛誤而後可。考訂之不可或缺，蓋即在此種情形中時也。蓋吾人欲自史料中求得條理井然之真理，可以顛撲不破而成為所謂「科學的」真理者，唯有考訂之一法。是故吾人於從事考訂以前，有一先決問題焉：吾人其能不顧成敗利鈍以求得科學真理為目的乎？或吾人其以行賈手段欲激起大眾之注意而獲得實利與虛名乎？此外尚有一屬諸良心上之一問題焉：吾人果欲為謀利起見，以腐敗之商品售諸大眾而不令彼知之乎？吾人考訂一種社會科學之作品，亦可以同樣之問題施之。是故吾人欲明瞭一種著作之科學價值如何，祇須提出下列之問題：撰人之目的在謀利乎，抑在學問乎？或問：撰人對於此種科學所抱之目的，其高尚或鄙劣之程度如何？吾人對於此種著作之信仰，將即以此種程度之高下為標準。

吾人如果真欲獲得科學之結果，非事先瞭然於考訂工作之必要不可；此固世人共喻之原則也。然誠如英國卡來爾所云，此實知易行難之原則之一。蓋考訂精神本與人類理智上之自然傾向相反；人類之自然傾向為輕信他人之所言。人有所言，吾必信之，對於文字所傳者尤深信不疑，對於以數目表出者更易輕信，如係官書則更視為顛撲不破者矣。是故實行考訂無異應用一種與自然思想相反之思想方法，一種反乎自然之心理態度也。吾人對於歷史著作中之各點既須處處加以考訂，則此種反乎自然之態度，非使之成為吾人組織中必不可缺之習慣不可。吾人如欲達到此目的，純賴吾人之努力。落水之人其自然運動適足以使之沉淪於水底。所謂學習游泳，即在獲得一種習慣以抵抗此種自然之運動而培養反乎自然之運動。

當吾人瀏覽一種史料時，吾人之自然運動即為深信史料中之所述。所謂學習考訂，即在獲得一種習慣以抵抗自然之輕信習慣，而審察史料之內涵。是故考訂之業，其為事與游泳同，非勤事練習不為功也。

吾人於此僅能略述考訂事業上應有之各種步驟。吾人所處之地位正與游泳教師同，僅能以各種運動詔示學子而已；至於各種運動之練習，則學子份內事而非教師之責也。

吾人切須注意抵抗游泳時之自然運動也。就歷史上一般之經驗而論，人類之輕信習慣實出諸自然；吾人每深信他人之所述而不願加以深考。考訂之光明，數千年來在中國僅三現而已，一為東漢之王充，二為南宋之「理學家」，三為清初之「漢學家」。其在西洋，則僅一現而已，而且僅現於一地，即希臘是也。吾人對於人類中此種普遍之輕信習慣，其動機為何，試加分析，固甚為有益者也。

㈠最普通之動機為吾人精神之混亂。吾人生平或耳聞人言，或瀏覽書籍，或自耳聞與讀書而想像某種之事實。因此形成之印象每與自他處得來之印象混而不分。欲加辨別，非努力於記憶不為功；而凡屬必須努力之行為，幾皆與自然之習慣相反。是故人類之自然傾向為輕信入其心中之一切事物；初無暇辨其為自個人觀察而來，抑由他人轉述所得。

㈡其次極普通之動機，為吾人對於書籍之尊重，對於印刷之書籍尤其如此。最著之例之隨處可見者，即吾人輕信報紙是也。以文字傳達之思想每有一種不可抵抗之威權，印刷品尤甚。有時雖博學之士，對於報紙固深知其不可盡信者，偶不經意，亦往往不免生過度之尊重心，甚或完全加以輕信焉。

㈢由數目產生之特殊印象，在社會科學中尤為重要。蓋數目之為物具有算學之形式，常人每易誤視為科學上之事實。吾人之自然傾向每混「切實」與「正確」而為一。模糊之觀念決不能求絕對之正確。吾人鑑於模糊與正確之相反也，遂誤以正確為與切實本相等。殊不知消息愈切實，則其可信之程度愈低。例如吾人謂上海人口現有二、五三六、六三七人，此種數目可謂切實矣；較之「二百五十餘萬」一語切實多矣；然其去真相也反愈遠。西諺常謂「不仁如數目」，其意蓋與「無情的真理」同，以為數目之為物，實真理形式之最完備者。吾人又常謂：「此數目也，可以證之。」抑若凡具算學形式之言，必係真實可信者然。當多種數目用算學方式連成一氣時，此種輕信傾向尤為強固。蓋算學方式原合乎科學而且一定不移；吾人遂將自此種信仰得來之印象推及於此種方式所施之事實之上。是故考訂家如欲明瞭數目中之觀察不盡可恃，必須努力辨明給予數目以價值者究為何物。德國莫爾豪爾（Mulhall）所著世界進步一書，以極切實之數目敘述各國之財富，蓋一種未曾證實、純憑幻想之統計也，而竟能取信時人，風行一世，實此種錯覺有以致之矣。

㈣吾人對於政治界或科學界之當局，如國務之各部，如統計之機關，或學術之團體，莫不感有自然之尊重。凡此種機關中人所編訂之公牘，皆具有一種半魔之性質；一旦正式公布，立即變成「可以徵信」之史料。殊不知此種可以徵信之性質來自行為之形式，初非源諸行為之內容；吾人之輕信之也，蓋徒震其形式而已，未必因其精神真有可信之道在也。殊不知公牘中之所發表者，通常皆未加證實者也。吾人往往混「可以徵信」與正確為一談；有時吾人即在議會中，亦每誤指業已成立之事實為「可以徵信」之事實。吾人如欲消滅此種誤會之習慣，非改變精神之方向而加意培養之不可。考訂專家或博學大家中亦有永不能為此者；若輩尊重當局之習慣已深，必欲其懷疑當局所主持之行為，幾與命其革命無異，將甚感苦痛也。

㈤動機中之最強有力者，允推人類生性之懶惰。考訂之業當然較直受不疑為艱難；此在考訂需時之科學工作尤其如此。故吾人最強之傾向，每視史料為由科學觀察而來，祇須選其可用者而編比成章，即為盡責。「吾生也有涯，而知也無涯（**Vita brevis, ars longa**），以有涯而追無涯，豈不殆哉？」故為縮短求知之時間起見，竟不惜犧牲考訂工夫而廢置之，以冀工作之速成焉。

㈥最後尚有前曾述及之營業動機焉，學者因此往往絲毫不願犧牲其材料；而且貪多務得，並蓄兼收。蓋凡屬可以收容之材料，若竟多費時間以減少其數量，其不合謀利之目的顯而易見。唯利是圖之市儈對於商品之已腐敗者，如尚可陳諸肆中，決不願棄之不顧也；蓋若輩深知購物者對於此種腐敗之商品決不至加以精細之檢查也；而世之陋儒對於此種動機，至少就營業上之利害論，固初無懺悔之必要矣。

是故吾人而能明瞭此種無意識之動機為何？實為有益；蓋如是而後方能恍然於意識之檢查實係必要之舉；而對於各種外界之誘惑與夫自然之傾向亦均能加以事先之預防也。吾人如能將此種知識播諸大眾，為益尤鉅；蓋此種知識足以造成輿論以制裁無意識之著作家，而懲罰貽誤讀者之著作也。

吾國現在之學術界正當青黃不接之秋，幾無學術之可言，更何有於學術界之輿論？西洋各國之學術發達者，多有史學評論或文學評論等定期刊物之出世，此種輿論業已造成。自欺欺人、貽誤讀者之著作，每因懾於公正輿論之監視而不敢出版，蓋即此類刊物之威力有以致之。唯關於社會科學方面之此種學術警察則略較疏懶。然以視吾國學術界之混亂無序，則仍屬彼善於此矣。

二、考訂之雛形——證據觀念——司法證據理論之不足——分析之必要

當吾人離開輕信之自然狀況時，吾人乃始入於考訂之域。然有系統之進程仍未可以一蹴而幾也。考訂雛形蓋甚影響而模糊。吾人鑑於昔日嘗受毫無價值之史料所欺也，乃始注意於史料真偽之辨別；而對於假偽之史料亦已抱絕對排斥之決心。吾人在一份調查報告中，一旦發見顯然偽造之痕跡，則對於全部報告均予以懷疑，因其出諸不可信賴之人之手筆也。

世人不察，每以此與司法機關之習慣相聯絡，而產生史料上所謂證據之理論。此種理論所依據之觀念乃為證人之中有善惡之分。凡明悉實情而且願意直言不諱者，乃證人

之優良而可恃者也，蓋誠信而熟悉情形之人也；至於不善之證人，則係口是心非、昧於實情之輩，既不明事實之真相，又復不願以其所知者告人。此種區別最初蓋適用於人。當吾人移用此種區別於文字之上時，吾人亦與司法上之分別證人然，根據撰人以分別史料：一方面為可信之史料，一方面為可疑之史料；法官判決必受證人所言之限制，此蓋司法上之舊觀念也。此外，並另有一司法觀念焉與之相連，即凡屬可以徵信——即官樣——之行為，因其具有此種形式之故，吾人必須承受；至於不合形式之史料必須排斥。此種觀念實完全不合科學精神者也。當吾人將此種觀念引入歷史上考訂之業中時，吾人實已忘卻學術問題與司法事件之截然不同而混之為一矣。

㈠司法事件之中必有兩造。為法官者無論如何必在兩造之間斷其是非。此種平衡必以傾於一端為歸束。因有此種實際之必要，故不能不建立習慣上之標準：即凡屬可以徵信之行為，或即係可以承受之證據是也。此種標準所在之地，即為平衡所傾之一方。即此已足以斷定曲直而下判決書，蓋此係外部之決定而非內部之信心也。至於科學則不然。吾人絕無必須解答某一問題之必要，而且在斷定某事之先，必完全明瞭其真相為何。吾人對於一種科學問題所持之態度不止二而有三：即「是、否及不知情」是也。是故假使一種行為或一種證據不足以為斷定之根據時，吾人可以——而且必須——中止其判決。若將科學上之證據視同司法上之證據，危險實甚；蓋假使吾人對於某一問題僅有一種史料，則對於此種單獨而並不矛盾之陳述欲維持懷疑之態度，將與不信證人之言而侮辱之者無以異，實為困難也。是故吾人祇得宣言：吾人既無懷疑證人之理由，則吾人不得不依以斷定。殊不知在科學上而欲解決一問題，非先有正確之證據不可；而且必須宣言：吾人既無斷定之理由，故非懷疑不可。在司法上所謂懷疑實與深信兩造中之一造無異，而在科學上，則懷疑之結果必屬暫時之否定也。

㈡在司法上兩造之間蓋與決鬥無異，不能不屈服於進攻與防禦規則之下。一造提出一種證據或產生一種行為時，另一造必須提出一種相反之證據或相反之行為，否則即歸失敗。此種規則如應用於歷史範圍之中，即成為此種科學之桎梏。實則此種規則之目的無異以一種優越之地位給予最初發表之意見；顯然以為此種意見在相反之證據尚未提出以前，吾人不能不暫時承受之。至於在科學上，則凡屬未曾證實之意見，均應暫時排斥者也。當吾人應用此種規則於史料上時，尤為危險。吾人對於觀察不正確之史料，覺其可疑，自當暫時放棄；然因受此種優越地位之規則之影響，不能不視為可恃之史料而認其所述為正確。一旦證實此種史料為無價值時，則所有編比之功均將廢於頃刻，其足以阻礙歷史著述之業固甚大也。

㈢在司法上，吾人祇須決定一個問題，而此問題之範圍又復受事件之限制。吾人之承受或排斥證據也，均就其全部而言。至於科學，則問題之量幾不可以數計。通常同一證人可陳述千萬件之事實。一紙統計表、一本調查錄，或一種史料，往往含有各種不同之消息。司法上之原理在於考察整個之證據。至於歷史之考訂則不能不用相反之進程而分析史料為極其精微之元素，因每一元素代表撰人完全不同之心理作用，而撰人心理作用所予各元素之消息，其價值亦完全不同者也。欺人之史料中，往往含有切實可信之概念。商人之作偽者可以偽造價格，而其售出地面之大小則或極其正確無誤焉。此固尋常事也。

吾人於此可得三種規則焉，以與司法上之規則相對待：

㈠考訂者必有健全之理由，方可斷定或否認某事之真確；否則唯有中止其結論。

㈡考訂者若無充分之理由，對於先人之言決不可加以重視；在科學上，成見之為物，原無立足之餘地也。

㈢考訂工作之進行，必自分析史料始。

三、分析

分析者，將史料分解至無可再分之元素之謂也。元素之為物，隨吾人所欲研究之事實種類而不同。關於語言者，吾人應直達以至於單字，或甚至達於構成單字之部首。關於概念者，吾人應直達以至於觀念及構成單句之意象；不僅達於初步之判斷而已，並且達於暗比。關於外部事實者（此為社會科學之正當範圍），最後之元素並非事實之全部，而為事實必具之條件——時期、地點、當事人、數目等等——存在之確定。例如：「樊噲者，沛人也，以屠狗為事。與高祖俱隱。」此語所含之元素顯然有四：一為其名氏，二為其居處，三為其職業，四為其境遇。吾人於此必須一一加以考察以決定司馬遷將此四種元素引入史料中時，其進程是否無誤；蓋彼之觀察此四種元素有誤有不誤也。彼謂樊噲以屠狗為事或可以有充分之理由，而謂其與漢高祖俱隱，則或竟純屬無稽之談，亦未可知也。

吾人至此乃知歷史研究法與直接觀察之科學方法實根本不同。歷史研究法所運用之史料僅係一種間接知識之中介而已，夫吾人如追隨史料所以形成之各種步驟，亦可上溯至直接觀察之一步；而在一種觀察科學中，此種觀察實際上亦具有書面之形式，與史料極其相似。是則吾人正可以同樣方法應付之矣。然在事實上，吾人所取之觀察報告係出諸另一學者之手，往往不再加考訂功夫即用以為斷定之根據。實際上吾人祇求瞭解何書為佳、何書為劣，即以為滿足；吾人之承受或排斥某種觀察，亦往往視觀察者之意見為轉移。此種進程與前面所述證據之考訂相同，即整個之判斷是也，此種方法在科學上何以謂之合理，而在歷史上則否？吾人何以應用考訂方法，於史料而不應用於經驗所得之書面報告？

此蓋因觀察與史料間，實際上有一不同之點在。所謂觀察者，乃根據精密與固定之規則施以觀察與記錄之史料也。因有此種規則之故，觀察者對於所觀察之事實不能不加以精密之分析，對於所得之印象亦不能不加以嚴謹之考訂。分析與考訂之工作皆已由觀察者於觀察之際實行之。故吾人祇須考察觀察者之工作是否優美；換言之，即觀察者之應用規則是否適當，即為已足；而經過此種考察之後，即可以整個承受或排斥其作品矣。

至於史料則不然，蓋一種不根據規則而來之觀察也。史料所含之各種元素本，可用各種不同之方法以得之，故吾人對之不能不加以元素之分析，以探究獲得各元素之各種方法是否無誤。當觀察時，觀察者既未嘗實施此種必要之工作，則吾人不能不將此種工作施諸史料，此即考訂家之分內事也。歷史所能運用者僅史料而已。社會科學既未能規劃一種科學方法明定蒐集社會消息之精密規則，則亦唯有與歷史同其地位。故社會科學與歷史同，固未能放棄分析與考訂之兩種工作而不為也。

四、考訂之步驟

考訂工作實際上可分為三步，吾人可以下列之名目標明之：

㈠詮釋之考訂，即決定史料意義——撰人概念——之工作也。

㈡誠偽之考訂，即考察撰人所述之為誠、為偽，以便斷定其對於所述各端之信仰為何。

㈢正確之考訂，即考察撰人之是否自欺，其觀察是否無誤，以便斷定其所述外部事實之是否正確。

吾人於此尚有一初步之基本工作焉，即史料來歷之考訂是也，目的在於斷定編纂史料者之為誰。

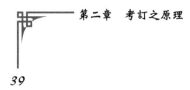

第三章　史料來歷之考訂

一、史料來歷之考訂之條件

凡屬以史料為研究根據之社會科學，均可以前章所討論之考訂原理適用之。第一步之工作即為史料來歷之考訂。此種工作施諸古代史料，費力而困難；施諸現代史料，則大體甚為簡易。此種工作之全部，在於明瞭史料構成之方法為何。其在今日，所有最必要之消息——如時期、地點、撰人名氏及其性質——大抵皆已在史料中詳細標明。吾人所應過問者，僅在此種標明之是否正確而已。大抵自印刷術發明以來，出版組織與目錄之學均日臻完備，故史料中所標明之消息已不如昔日之偽造，大體皆可以信賴矣。

然輕微之作偽與有意之失實仍在所不免，此於出版時日與撰人名氏尤為顯著。吾人對此既已無法可以考訂，故不如視為較近真相之消息之為愈。吾人見一標明民國十七年出版之書，不遂可斷定其不在民國十六年出版也。

吾人對於撰人著作地方、著作時日以及著作環境之各種情形，均宜明瞭。吾人應知在此種地方，當此種時代，處此種環境，其通常失實之習慣為何；因此並推知何種來歷之標明，其失實之機會較多。此種觀念固極模糊，然吾人已不能再為更具體之說明，而此種研究亦僅能產生一種模糊之懷疑態度而已。然此種懷疑態度如自始即抱諸胸中，應與史料之研究相為終始；而且對於史料上來歷標明之真偽亦易於發見，蓋史料內容與書前所標明時期、地點及撰人名氏之間，如有矛盾之處，即可以立見也。

實際上，吾人如以應付古代史料之方法適用諸現代史料之上，殊不合理。吾人在纂輯古代史料之先，必先讀其全部而研究之，以探討其有無矛盾之處及足以決定來歷之詳情。至於現在史料之有需於此種功夫者，實為罕見。然在社會科學之中，此種工作之範圍實甚廣大，且吾人所得之專家為數又少。故考訂史料來歷之舉，祇可由利用史料者自為之。其實此種工作僅限於證實史料前面所有之標目而已。故吾人祇須於閱讀史料時，存心注意其內容所述與其所標明之來歷有無矛盾之處，即可了事矣。

二、社會科學材料上之特殊困難

知人論事之道之最為困難者，為決定官書真正撰人之為誰。蓋官書出版往往不著撰人名氏；或即由出版官書之機關首領署名，而實際上則每出諸其屬員之手筆。劉知幾嘗謂：「近代趨競之士，尤喜居於史職。至於措辭下書者，十無一、二焉。既而書成繕寫，則署名同獻；爵賞既行，則攘袂爭受。遂使是非無準，真偽相雜。生則厚誣當時，死則致惑來代。」其意亦正在此。

至於統計材料則其出諸眾人之手，殆可斷言；蓋以一人而觀察如許之事物，表以如許之數目，在事實上絕不可能也。假使無襄助之人為之蒐集所有之消息，世上又誰能以一人而負全部調查之責者乎？

此種撰人在其所述之史料中，每不留其工作經過之顯著痕跡。是故吾人欲明瞭其活動為何，幾不可能。唯吾人當閱讀此種材料時，至少應注意其序文或附錄中對於編輯此種史料方法之說明。吾人並須注意誰為可能之撰人，其性格及習慣如何，各人所擔任者何部；此外，尤應注意各人蒐集消息及此次成章時所用之方法為何。如吾人對於史料構成之方法無法明瞭，則吾人對於此種方法未明之作品，至少當永抱懷疑態度也。

第四章　詮釋之考訂

一、初步之分析——分解為原質——實際上之方法——知識之限制——進行之速度

史料來歷明白之後，吾人對於史料內容之工作於是開始，即普通所謂考訂者是也。考訂之道厥唯分析。

分析與考訂，論理原屬二途；然此二種工作幾乎始終同時並進，而且與上面所述史料之誦讀、意義之說明及詮釋等工作，亦始終未嘗分離。所有此種工作無不同時進行，故吾人幾忘其為不同之行為矣。此如游水然，吾人於無意中同時表出幾種運動，特吾人學習時不能不加以分解之功夫耳。當吾人實際應用此種工作時，每能自然而然，進行甚速。吾人讀書每成一種習慣，而且瀏覽史料時每具一種考訂精神。此種精神遂於無意中習慣成自然矣。

內部考訂之根本原理，即為凡屬一種史料必係一種分析，未細考訂未清之物，故吾人必須分成部分而分別考訂之。是故吾人第一步之工作即為將史料分成原質。自考訂眼光觀之，一種原質即為史料撰人所為之一種工作，此種工作因其進行不善，故在其所述史料中不免有錯誤之引入。然此種考訂常遇有二種困難：

㈠所謂史料，不過撰人多數理智作用之粗陋結果，然撰人又未嘗示吾人以此種作用之詳情。吾人在此種結果中將如何分析之乎？

㈡即使在論理學上此種分析為可能，吾人如何能有時間對於無數工作分別加以特殊之考訂乎？

此二種困難實為考訂方法上之根本問題。考訂方法之有用與否，全視其能否在實際上解決此種困難以為斷。否則所謂考訂方法者，將始終在理論之境狀中也。茲舉此種方法之功用如下：

㈠吾人欲決定構成史料之各種工作，雖無特殊之消息，然吾人可自人類心理作用上一般定律之知識中得到一般之消息。吾人已知一人欲得某一種結果其必要之工作為何；蓋此種工作為人類心理中所同具之特性也。吾人已知一種結果之產生至少須有下述之工作：一種觀察、一種信仰、一種概念，最後乃筆之於書而成為史料。是故吾人至少可將一種史料分成三種原質而各施以不同之考訂功夫；即：*1.* 詮釋之考訂；*2.* 誠偽之考訂；*3.* 正確之考訂；是也。

而且吾人亦知所有史料上之斷語其原質為何。一種斷語必集合數個概念而成；吾人可以使之分離並確知其為一種不同心理作用之結果。吾人並亦知考訂之際，須分別進行，蓋每一個概念在正確上與誠偽上，其價值並不相同也。在一份調查報告中，分析之形式本已備具，蓋報告本係一種分門別類之問答彙編也。統計表之性質亦然。然在所有綜合形式下之史料中，則非將其中所包之各斷語加以分析不可。

吾人所遇之困難不在於分析撰人所舉行之各種工作，蓋此種工作皆發源於同一人類心理之特性中也。吾人之困難在於決定撰人如何進行其各種工作；蓋實際上重要之點在於明瞭撰人工作之是否無誤，以便斷定其結果之是否正確而可以利用。吾人於此既無法以知其正確與否，亦無一定之方法可以明瞭撰人之如何進行；史料與科學觀察之不同，其故蓋即在此。

吾人所能知者，撰人在某種情形中，其工作之進行決不是正確無誤而已。所謂某種情形，即撰人對於史料中所有之事實既不能觀察，又不能信仰，又不能有所感覺是也。是則史料中所記者不屬錯誤即屬誣罔，顯然無裨實用；或則此種史料必係偽造而託諸撰人者也。吾人因此可以擯棄此種無用之記述於不顧而所得者乃純係一種消極之結果。然此種結果並非毫無益處，蓋吾人可因此不至為毫無價值之史料所欺也。

假使吾人已知撰人工作進行之正確無誤，並無不可能之理，則吾人即可繼續考訂之功夫。就人類之經驗而論，吾人明知撰人著述史料時所處之境遇，有時利於進行而得有正確之結果，有時則否。此種境遇為人類心理中共有之狀況，故吾人已深知之。是故吾人對於此種狀況可以事先提出問題以審察之。對於每一種工作，吾人可問：此種工作之進行時，撰人是否在有利之境遇中可以獲得正確無誤之結果；抑或在不利之境遇中，足以使其結果有流為謬誤之機會？吾人因此可分此種工作為二類：其一為容或無誤者，其一為容或錯誤而因之可疑者。此不過一種相對與臨時之結果而已；吾人不能不更進一步以完成之。

㈡此外，尚有一種驟視似難超過之困難焉，此即考訂上必要工作之步驟甚多是也。吾人何能有如許時間以進行此多種之工作乎？然此種困難若細考之，實不過一種錯覺而已。言其原因，有如下述。以文字描寫各種無意行為之工作，吾人如欲施行有意之分析，其為事也當然複雜異常。蓋文字之為物極不完備，用為敘述行為之工具當然不足也。吾人如欲分析印象之進行，亦復如是；吾人亦可云：誰有充分時間以追隨印象進行時所必須之各種運動乎？其實吾人對於一切工作，其最遲緩之部分即為習慣之養成。欲學習一種方法，需時亦復甚久。在考訂功夫之中，即為一般之分析習慣及有條理之懷疑習慣之養成。此種習慣一旦養成之後，則考訂工作每能不加思索隨研究而進行。瀏覽史料之際，吾人每能隨時明瞭構成史料之合理原質為何，與各原質相輔而行之步驟為何。在各種原質之上，吾人自能同時施以詮釋、誠偽及正確之三種考訂功夫，而不必故意分別提出應有之審問；蓋此種審問因屢次重複應用之後，已成為自然之習慣矣。假使吾人對於史料中之文句不覺其可疑，吾人可以不加思索繼續瀏覽之。如吾人感覺文句之間含有一種可疑之工作，吾人即能自然而然中止其瀏覽之進行；吾人可表明懷疑之動機而札記之，或僅留諸腦中而不加筆述。此種詳細之意見積諸片紙或書本之上，最後乃一史料價值何如之斷語。如一種史料並無令人可疑之印象，吾人即知其構成時狀況之有利必與觀察報告無異；然此種情形實極為罕見。如或吾人對於某幾點感有可疑之印象，則此種可疑之點即可成為考訂之資料矣。

實際上此種工作皆同時並進者也。如吾人有時不能不分別先後加以說明，此則純係人類文字之不完備有以使然。茲依論理學上之次序分述各種工作進行之步驟如後。

二、詮釋之考訂——語言文字——文義——迂曲之意義——此種工作之結果

第一步工作為詮釋之考訂，旨在斷定史料撰人給予史料之意義為何，並藉以推知撰人之概念為何。此步工作蓋假定吾人已知撰人所用之文字其意義為何。是則文字之為物成為詮訂上之一種輔助科學。然僅知史料中文字之一般意義，尚未為足也；僅知漢文不足以考釋用漢文所述之史料；蓋一種文字並非一種經久不變之象徵系統也。

在吾人所謂一種文字之中，其意義每隨時代而異，在時甚至僅隔數年其意義即為之大變。此外，在一種語言之領域中，其意義亦往往隨地域而異。是故當詮釋一種史料時，吾人所應知者非一般之漢文也，乃史料撰人所用之漢文也。現代吾人所用之文字絕不與元、明時代所用者相同，唐、宋、兩漢更無論矣。

然吾人之自然傾向每以文字為一種一成不變之符號，各有一定之意義。是故吾人於

此有一初步應行注意之點焉，即以一種考訂之反動對抗自然之運動是也。

實際上意義之變動在某幾類文字上為尤甚。意義變化最甚者，莫過於標示社會組織或概念之文字，蓋此種組織或概念之界限往往明定甚難，而其演化亦較他種事實為迅速也。標示一種情感、一種概念、一種制度，或甚至一種尋常行為之文字，皆屬此類。吾人所宜時時注意不容疏忽者，即此類文字也。撰人用此類文字時所抱之意義為何，吾人非加以審問不可。

在統計史料中，此種注意尤為必要。蓋此中文字之通俗意義，當其回答所有調查之問題時，往往浮泛異常，故撰人不能不用武斷之意義以確定之，以便決定其所調查之實際事實究應歸入何類。例如彼須問：何謂犯罪？何謂住室？何謂工人？撰人對於此種文字顯然予以特殊之意義。吾人欲詮釋史料中所述之文字，決不能不熟諳其意義焉。

吾人究用何種方法以決定史料中文字之特殊意義乎？吾人對於史料之文字必須視為一種素所未習之文字而對待之。最良之方法莫過於將同一史料中含有某字之章節集於一處，察其上下文之結構而審察其意義為何。然同一撰人之使用同一文字，其意義亦往往各殊，故吾人對於此種字義之變化，亦不能不注意者也。

以上所討論者雖僅指單字而言，然此種原理並須適用於數個單字所構成之文句。例如「大理院」之一詞，吾人欲詮釋之，僅知「大」、「理」與「院」三字之意義決不足用；此三字聯成一氣時，其意義即煥然一新也。

吾人欲詮釋撰人之思想為何，僅知文字表面之意義亦未足也。吾人必須決定撰人之用字是否確取表面之意義；是否並無諷刺、引喻等等迂曲之意義，亦無暗比、誇張等等修辭學上之誇飾。實際上，在社會科學之史料中，迂曲之意義甚少；唯吾人對於諷刺文字最宜注意。而撰人是否常常利用文字學上之作品或私人之書札，尤宜辨明，蓋在此類文字中，喻意或實言之文句往往甚多也。傳言曰，紂非時，與三千人牛飲於酒池。夫夏官百，殷官二百，周三百。紂之所與相樂，非民必臣也，非小臣必大官。其數不能滿三千人。傳書家欲惡紂，故言三千人，增其實也。

迂曲意義之表現並無外部標準之可睹；在文字中每不說明其為引喻寓言或諷刺。其實人類特性往往故意埋滅喜劇外部之痕跡而不令人知。是故吾人欲探討文字意義之是否迂曲，除將可疑部分與史料其他部分加以比較外，殆無他法。大抵文字意義不甚明瞭者、互相矛盾者或荒謬絕倫者，則其間即不免含有迂曲之意義者也。總之，除比較可疑部分與史部全部外，別無他種通常方法可以求得真意也。

史料之意義決定以後，詮釋考訂之功夫即可謂告成。此種功夫之目的本在於瞭解撰人之觀念。而撰人觀念之是否正確，關係史料之價值者甚大。蓋凡人對於所見之事物必知之甚審而後方可敘述而無誤也。是故詮釋之考訂者，乃吾人研究撰人著述史料時所抱之觀念之方法也。

第五章　誠偽及正確之考訂

一、二種考訂功夫之特殊條件——誠偽——變更原因——進行方法——正確、錯誤之原因——發現錯誤之方法

誠偽之考訂與正確之考訂論理，顯係二種不同之工作，蓋其目的皆在於各得一種不同之結論也。誠偽之考訂無非在於決定史料撰人所篤信者為何？然所得者不過一種心理之現象，即撰人之信仰是也。正確之考訂在於明瞭撰人觀察所得之外部事實為何？故其工作直入事實之實際。有數種歷史之作品祇須加以誠偽之考訂已足；撰人之信仰為何既經決定之後，工作即可告成功；凡主義研究之為社會科學一部分者，皆屬此類也。是故吾人對於此二種考訂功夫之特殊條件，不能不先後分別加以分析之研究。

實際上，對於所有外部事實之研究，此二種考訂功夫並無涇渭分清之必要。實際上

之目的既在決定事實真相之為何？則撰人之是否因缺少誠意或正確而以不可信之消息供給吾人，實已無甚關係。吾人所應注意者，祇在於決定消息之是否正確而已，而此二種考訂功夫之結果則同歸於一種特異之結論。是則就理而論，吾人先須研究此二種考訂功夫之特殊條件，再描述其共通之作用，蓋通常在實際上，此二種功夫固常常合一者也。

吾人前曾述及所有考訂之工作實始於分析。吾人對於史料必先事分析之功夫，即分成斷語是也。吾人須將史料中所包之各獨立斷語分之使離而後分別研究之。吾人將知以此種記號所表示之斷語必為真，其他則假；反之亦然。吾人須確明其為撰人一種獨立工作之正確結果，至於其他斷語則反是。吾人之考訂功夫必須分別施諸此種獨立斷語之上也。

㈠誠偽考訂所根據之原理，蓋一種經驗中之事實也，即人類所述者有時為其所信之事實，有時亦為其所不信之事實；是故吾人對於一人自述其所信時，決不可即據其所言而提出附和之結論；亦不可誤以撰人所言者為與其所信者相符。斷語與信仰之間並無固定之關係，有時言出至誠，有時則純屬誣罔，其間初無一定標準足以辨別其孰偽與孰誠也。有時吾人所謂其言甚誠者，不過一種信心之外表，或竟適足證明其人之狡猾而無恥。彼優伶之流、妄言之士，均知如何以此種印象給人。劉知幾所謂：「世之述者，銳志於奇，喜編次古文，撰敘今事；而巍然自謂五經再生，三史重出。」蓋即此意。即在撰人之一般特性與其對於某一特殊事件之或誠或偽間，亦初無一定之關係：有時對某一事甚誠，有時對某一事甚偽。是故吾人僅分別撰人之為誠為偽，猶未為足也。

所有此種大體診斷之進程完了以後，所留者乃為正當之方法：此即分別考察各種獨立之斷語，或即撰人著述史料時之各種工作，並研究撰人所處之地位為何？以便明瞭此種地位是否足使撰人傾向於誠懇或傾向於欺人之一方，並明瞭吾人能否見到此種地位之影響。是故此種工作包含有二種研究：1.就大體言，撰人產生全部史料時，所處之境遇如何；2.就特別言，撰人進行其各種工作時，所處之境遇為何。

此種研究所得者不過一種相對而且無定之結果。無非將撰人斷語分為二類：1.疑屬誣罔者；2.確實無疑者。然有時可疑之斷語或出諸至誠，而無可懷疑之斷語或竟屬誣罔。故上述之結果亦僅屬一種臨時結論而已。

吾人如欲進行此種考訂功夫，須知撰人在何種境遇中方有誣罔之傾向。此種境遇吾人可以先知，因其為人類心理中所共有之一般狀況，而為心理學上經驗之定律也。是故吾人可以預知撰人最易誣罔之動機為何，吾人可以列舉其細目，因之可以提出一種問題施之於各獨立斷語之上。據吾人所知，此種方法每能習成自然而進行甚速者也。

吾人編著社會主義史，此種工作已足於用；實則在此種研究中，吾人祇須決定撰人之信仰為何，斯可矣。蓋吾人所欲知者，撰人之理智作用而已，非外部之事實也。此種工作遂變為一種作品之簡單分析。唯一困難在於追溯撰人思想之演化，並發現其各種主義如何產生變動。吾人所用之方法，即在依年代次序嚴密研究各種之主義。此為研究主義之歷史家所忘為之事，而其實並不甚難者也。

(二)至於正確與否之考訂，其問題地位與此相仿。就吾人經驗而論，人類對於其所不知之事實往往津津樂道有如目睹，其立言也或毫無根據，或出於自欺，以求達於一種結論。就經驗而論，人類自欺之機會實較誣罔之機會為多。蓋吾人欲免自欺之病，必須多方經意，至於不出妄言則一任自然即可也。

在實際之真相與吾人所信為真確之斷語間，並無一定之關係；正如吾人無誠偽之標準然，正確與否亦初無一定之標準。是故詳細敘述之娓娓動人，往往適足證明撰人想像力之豐富，不過一種外貌之正確而已。一人之一般特性與其對於某一事實之正確間更無一定之關係。是故正確問題於此亦與誠偽問題同，不過一種相對之進程，旨在研究撰人所處之境遇為何，此種境遇是否足使撰人傾向於正確或自欺。吾人進行此種研究時，先就一般史料而考訂之，再就各種斷語而特別考訂之。

此種研究所得者，亦與關於誠偽問題者相同，不過一種相對與暫時之結果。吾人僅能藉此辨別何者為疑屬錯誤，何者為正確無誤而已。然此外尚有一類焉：即撰人所處之境遇絕不能使之明瞭某一種之事實，因其無法可以獲知其所述之事實是也。吾人對其所下之斷語，必知其毫無價值之可言。此種結果雖屬消極，然頗為明確。

二、共通之工作——審問——史料產生之一般狀況、各種工作之特殊條件、可疑之事件——結果

實際上，當吾人編著歷史時，吾人並無分別應用誠偽考訂及正確考訂二種功夫之必要；吾人不必辨別撰人所信者為何，蓋吾人對於其信仰並無注意之必要也。撰人不過為吾人所欲知之外部事實之中介。是故為縮短工作時間計，儘可集二種考訂工作而同時舉行之也。

吾人對於撰人之觀察事實及編述史料須知其進行是否無誤？是否不欺？並是否不妄。此為全部考訂功夫中最為困難之問題。吾人至今尚未知誣罔或誠實之心理上定律為

何；即使有一人焉，在吾人之目前陳其所見之事實，吾人亦無法可以斷定其為誠為妄；至於撰人進行其工作之情形，則吾人更絕無所知焉。唯吾人固知正確觀察之規則為何，此蓋觀察科學之規則也。茲列舉如下：

㈠觀察者始終注意觀察一件界限分明之事實而思索之，事先決定其屬於何類，並事先預知其行將產生，而且並祇當其產生時而注意之。

㈡觀察者對於其結果並無實際上之利害關係，亦無預抱之成見。

㈢當吾人覺有一種事實發現時，立即觀察之，並依切實之系統以記述之。

當吾人目睹一人工作時，吾人可以審察其進行之是否無誤，蓋吾人可以目睹其是否應用觀察科學之規則也。然吾人未嘗目睹史料撰人進行其工作之情形，吾人所能知者，僅其進行工作時之狀況絕不完美；其一部分工作必係錯誤。是故吾人所有之問題，乃為吾人既不能目睹撰人工作之進行，則其工作無誤之程度究達何等？其錯誤之工作為何？吾人所能希望者既僅屬一種相對之解決，則對於上述問題之難以滿意，可想而知。至於吾人如何能利用此種不完備之解答，後當詳述，茲不先贅也。

茲略述實際上可助吾人解答上述問題之方法如下：

第一，吾人可以彙集關於撰人工作時一般狀況之一般消息；吾人或得有來歷考訂所供給之外部消息，或得有史料內部分析所供給之知識。因之吾人應提出下列之數問題：撰人曾否以其工作之情形詔示吾人？其所予吾人消息是否誠實？其進行時所用之方法有無痕跡之遺下？凡一般狀況之足以使人進行錯誤者，如妄言、如武斷、如自欺等，吾人最宜加以研究。是故吾人必須提出一種一般之問題，以便先知人類所以作偽或錯誤最有力之動機為何。吾人須問：撰人有無個人或集合之利害關係足使其出言誣妄？撰人之情感上或主義上有無成見？其文學上有何種習慣足以害真？彼之工作是否具有必要知識之原質？彼知如何進行其研究之工作否？彼有目睹事實之可能否？凡此諸問題，吾人皆須代撰人答覆之，而比較其結果。當吾人進行考訂時，常須懷此種問題於胸中而不可或忘也。

然此種審問並不深遠。蓋吾人所當考訂者，不僅撰人及史料之一般狀況而已，並須考訂產生史料時撰人心理作用之各種特殊狀況。然實際上，此種狀況不能直接探知者也。故吾人唯有根據人類心理之習慣及人類害真之習慣所得之一般知識以想像之，然吾人須知此種方法之性質純屬心理方面，絕不可忘其相對而且暫時之特性也。

吾人對於撰人各種工作之以各種獨立斷語代表之者，應有一種審問。此種審問之工作，其始也故意筆之於書，而終成為吾人自然之習慣。

吾人試注意撰人最易作偽之情形。普通秉筆直書其所信為真確者，原較妄言為便利。然撰人如果欲埋滅真相，則稍費少許之精神即可使讀史料者獲得一種失真之印象。是故吾人應提出撰人故意作偽之處為何？以便為分別審查其斷語是否出諸至誠之用。茲列舉撰人作偽之動機如下：

㈠撰人抱有實際上之目的；意欲用偽造之消息以獲得其預期之結果。凡屬與撰人有利害關係之斷語，皆屬可疑者也。是故吾人必須細究撰人以此種形式敘述事實有何利害關係。吾人所宜注意者不僅個人之利害關係而已，即不易探討之集合利害關係亦須顧及，如黨派關係、宗派關係、團體關係或民族關係，皆是也。凡團體宣言及公家文牘，皆屬之。

㈡撰人意在編著一種公家史料，而史料必具之條件，如地點、人員或時期等，適與編訂此種史料之條件相反；彼既不能在史料中秉筆直書，則對於條例中所無之條件，唯有作偽之一法。凡屬公家史料大體如此，大部分皆屬可信，而必有一部分為偽。例如法律規定某種公牘必須有二人以上之署名，則公牘中必依例書二人之名，其實真正署名者僅有一人而已。假使條例所定之時期已過，則公牘上之時日必且作偽而倒填之。如法定之副署者不在，亦必宣言其躬親參與焉，是又一種作偽之舉也。是故對於此類公牘之條例縱極嚴密，不特不足以擔保公牘內容之正確，反足增加誣罔之機會也。

㈢撰人對於某個人、某一團體，或某種觀念抱有同情或反感。「蓋書名竹帛，物情所競。雖聖人無私而君子亦黨。」故吾人必須決定此種個人、此種團體及此種觀念之為何？然後方可瞭然於撰人的情感作用及於其斷語之影響為何。

㈣撰人懷有個人或團體之虛榮心。吾人須決定其虛榮心為何。蓋虛榮心之種類，隨時、隨地、隨人而不同。劉知幾所謂：「上起帝王，下窮匹庶，近則朝廷之士，遠則山林之客，莫不汲汲焉孜孜焉，夫如是者何哉？皆以圖不朽之事也。何者而稱不朽乎？蓋書名竹帛而已。」其意亦即在此。

人類虛榮心之發現，往往有出諸情理之外者，古人之將虛榮心置諸慘殺、劫略或欺罔諸事之上者，其例不勝枚舉；甚至為虛榮心所鼓動竟冒認為殺人兇手而自鳴得意者。吾人亦須知撰人所屬之團體為何？並須辨別其曾否染有民族、團體或宗教等虛榮心之色彩。

㈤撰人因恐受人責備之故，不得不阿意以曲從公眾之一般觀念，對於當日流行之種種主義不得不隨聲以附和之。吾人必須辨明當日流行之主義為何？因主義之為物隨時變化，且為撰人著述失真最有力之一原因也。

㈥撰人富有文學之習慣，往往於不知不覺之間摻以一部分動情或閎辯等之文藻，以冀其所述之事跡能格外動讀者之心。此種失真之原因，在史料中最為顯著。

㈦撰人每覺搜尋消息之為時甚費，遠不如偽造之省事，此則完全懶惰性之所致。此為統計學中常有之陋習，根據詢問得來之一般史料亦大體如斯。試令屬員為其不願為之事，彼必任意答覆以敷衍了事。此殆為社會科學中所以致誤之最大原因；蓋其所根據之史料大體皆出諸屬員之手筆，敷衍成章之文字居多也。

以上所述，皆尋常因撰人心術不誠所致之錯誤之引入於史料中者也。

其次，為撰人工作無方所致之錯誤。吾人於此先須辨明撰人工作所以不能正確之情形；蓋如撰人而無能力，則其斷語不特可疑而且無用也。

撰人工作不能正確或不容正確之條件，有如下述。其中一部分，吾人對於撰人工作一般狀況所提出之問題中已提及之。此外吾人須問：撰人熟知正確之理智工作否？撰人熟知如何抽象？如何推理？如何通概？如何計算？如何觀察等等方法否？當撰人利用他人所撰之第二手材料以證實其一己所不能觀察之事實時，亦知用相當之考訂功夫否？撰人曾表示其毫無能力常常暴露此種工作中易有之錯誤否？

此外，對於每一種特殊之工作，吾人亦應有一種特殊之問題列舉工作之條件及致誤之機會。吾人所最宜考問者，即撰人工作是否出諸親筆？抑或僅係轉述他人之斷語？吾人對於此二情形，應各施以特殊之審問。

㈠撰人親筆撰述者：

1. 撰人如何進行其工作乎？撰人之工作出諸自願乎？抑意在答問乎？此種區別在社會科學中極其重要；蓋其所用之材料以由詢問得來者居多也，吾人須問撰人之所述是否並非為解答問題而發；蓋自願發表之文字與答問而發之文字，其價值大不相同也。

2. 撰人工作時果曾親自直接觀察實際乎？或另有中介在其理智工作中乎？吾人於此須先問；撰人能有何種資料為其根據乎？一種工作之價值如何大體以工作所本之資料價值如何為標準。如工作所根據之資料並不充分，則其結果必無效用之可言，此為極重要之問題；而世之利用統計者對此每毫不經意，甚至對於統計表所代表之資料亦不加深考而貿然承受其計算之結果焉；初不念及統計表之為物，固非一種直接之觀察也。吾人須再問撰人之工作如何。撰人曾實施抽象、通概及計算諸步驟否？其致誤之機會為何？吾人欲解答此種問題，祇須施行考訂史料構成時所需之各種工作，並注意此種工作所常見之錯誤斯可矣。

3.假使撰人工作根據直接之觀察，試問撰人與對象之間有無個人致誤之原因？吾人之幻覺甚少而且亦不易預知，在社會科學中尤甚。然錯覺則常常有之，其來也蓋原於觀察事物在某種情形下經過時之習慣。如事物之來也與常見之情形不同，或吾人處在另一種環境中時，吾人之觀察事物每仍用往常觀察之習慣。吾人對於事物往往並未真正施以觀察，而事先在成見中承認其為必有。此即所謂胸有成竹之影響也。吾人成見每每阻止吾人洞見事實之真相。

4.假定撰人果曾施以真正之觀察，彼所處之地位果有利於其觀察否？並亦無成見在胸否？能即時將其觀察所得者切實記之否？或其所處地位適與上述相反而有種種不利之情形否？或撰人並不在直接觀察之範圍中否？

(二)撰人工作並不出自己之手，僅轉述他人之斷語而已，此為最常見之情形；史料所含之斷語，大部分雖非第三手亦必出諸第二手。論理，吾人必須追溯其來源以研究最初撰人工作時之情形，所謂最初撰人，即直接觀察此種事實之人也；並須決定其工作之是否正確無誤。然實際上，此種研究幾永不能以必要消息給人。吾人所能得者，有時僅史料撰人如何轉受其消息之方法而已。吾人可以考知者，僅撰人消息得自口傳或得自筆述而已。就原理而論，口傳史料經數傳之後，早已失真，已無價值之可言；史料至是遂一變而為舊聞矣。史家對此雖仍可施用種種方法以冀獲得幾微之真相，然在社會科學中，此種舊聞絕無再思利用之人，茲故置之不論。如傳述之史料係用文字，則吾人必須考其淵源為何，並斷定其價值何若。

吾人應用此種審問，可將所有史料中斷語分為三類：即不可能者、可疑者與無疑者。此種分類之效用何在，下章當詳論之。

第六章　事實之利用

一、斷定事實之困難——實際上之解決

學者考訂史料時所宜注意之要點，吾人雖已討論及之，然吾人所得之結果，尚未得稱為確實可信之史料也。吾人之進行，唯有用精細之分析功夫，以達於為史料原質之斷語。吾人對於各斷語僅能施以間接之研究，而無法可以正確斷定其價值之為何。吾人所得之結果僅消極之結果而已。此種結果，雖足以明示史料之有無效用、足以消滅偽造之史料，並足以阻止吾人陷入污濁之泉淵；然對於吾人之編著歷史終無何種積極之貢獻也。所有積極之結果皆屬相對之結果，言其公式則為「史料之構成有進行不當之機會，史料中之各種斷語亦有毫無價值之機會」，或為「吾人並不見其有失真之機會」，如是而已。此種模糊影響之結果，有時且仍在疑信參半之境狀中，因其始終為一部分主觀之

賞識，其價值高下與吾人對於撰人工作情形之明瞭與否，大有關係也。

此外，吾人對於撰人在不利狀況中是否必出妄言或觀察不當，及撰人在有利狀況中是否必能秉筆直書或觀察無誤，亦初無絕對之把握。就吾人經驗而論，世人中亦每有行動反常者，或其所處境遇之影響適與吾人所知相反者，是故吾人自此種研究得來之初步印象，抑若吾人絕不能利用歷史研究法以獲得真相者然。

然在實際上，此種方法殊能使吾人決定無可再疑之事實。吾人決不再疑秦始皇帝以前，吾國有封建制度之存在，或秦始皇帝以來，吾國有郡縣制度之存在。是則吾人固未嘗不可自歷史考訂所得之結果獲得歷史事實之真相也。

二、容有之事實——極難誣罔之事實——極難致誤之事實——非常之斷語適足為一種真相之假定

吾人編著歷史時而欲利用史料中之斷語，蓋有條件焉，條件種類可分為二：其一關於斷語之本質者，其一則關於各斷語間之關係者。

斷語本質極其不同。事實之中有極易斷定者，亦有極難斷定者。根據此種事實所下之斷語，亦遂因事實性質不同之故，有屬容有者，有屬可疑者。

吾人通常所謂事實，無論其在通俗語言中或即在科學中，實指一種斷語而言。所謂斷語，蓋即指一種集合幾個印象於一處而斷定其與一種外部實質相符之結論也。然因事實種類不同之故，在決定一種斷語是否正確而真實時，所進行之各種工作間，其困難程度相去甚遠。關於歷史事實一部分之積極結論，即自此種困難中得來者也。

就大體而論，吾人妄言之誘惑甚強，錯誤之機會亦甚多；吾人因之可在先驗上懷疑撰人所下之斷語，不僅能避免所有種種誣罔之誘惑及錯誤之機會。然同時亦有種種狀況足使撰人或不願妄言，或極難致誤，因之誣罔與錯誤均成為不容或有之事。此種狀況可分為三：

㈠吾人有一種狀況不容撰人之妄言。人類之妄言也，其目的本在產出一種印象；故必自信其能產出此種印象，而且斷定此種印象之產生必有利於一己，然後方始妄言。因之吾人有三種情形不容撰人之誣罔：

*1.*當斷語之意義與撰人所欲產生之影響相反時，當其與撰人利害、情感、個人或團體之虛榮心，以及文學興趣相反時，則撰人所下之斷語，每能秉筆直書而不失其真。然此種標準極難應用得宜；蓋此種標準並假定吾人已確知撰人所欲產生之印象為何、其所

視為主要之利害關係為何、其情感為何、其主要之虛榮心為何、其個人或其團體之利害為何也。其危險在於假定撰人之情緒為與吾人所有者相同。此種標準，歷史家所視為足以自豪者，每足陷歷史家於錯誤之境中。吾人往往輕信所謂「自承之證人」，如近日北方某省之國民黨人，常自命為炸殺張作霖之主使人，即其一例。殊不知撰人為虛榮心所動之故，往往不惜以吾人所視為罪惡者加諸己身也。

2.如撰人明知其所出之妄言將來必為公眾所揭穿，而且其所期望之目的不盡能正償其所顧，則吾人亦可假定其言之不致失真。此種情形凡有二類：⑴當撰人所遇之公眾不易欺罔時，此或因公眾對於撰人所述因有利害關係故特加監視，或因公眾向有不願受欺之習慣。此種標準亦極為精微，不易應用得當。蓋吾人通常不能確知撰人對於其公眾之觀念為何？及撰人是否誤以公眾為輕信之輩也。⑵當撰人已曉然於其誣罔之斷語極易為公眾所察知，所述之事實本為公眾所深悉，或極易為公眾所認明者。此種標準較近實際，足使吾人對於撰人所述大規模物質上之事實，其性質本屬永久不變而又為時甚近者，視為近真。唯吾人於此須注意撰人智慧之程度如何；蓋如撰人智慧程度甚低，則此種標準即難以應用也。

3.當撰人因欲證實其主要之妄言起見，故將與其妄言目的無關之他種次要事實秉筆直書。是故在一種書牘中，如主要之宣言為偽，則其輔助之詳情，每能不失其真，以便掩飾其主要誣罔之部分。例如民間土地之賣買，為減少租稅負擔起見，契約上所書之售價往往失真，而雙方當事人名及畝分大小則標明甚確。

吾人可用上述種種標準於一種史料中，求得近真之斷語。

(二)此外又有幾種情形足使撰人所述之不致錯誤。科學觀察，當然甚難，而且史料撰人對於正當觀察之條件亦絕不能實現；此外，史料中大部分之斷語並不直接自觀察者得來，往往由中介自不知名氏之撰人轉述而來。故史料中之事實為何人所觀察？出何人之手筆？其所處之狀況如何？吾人每無從知之。在尋常科學中，如生理學之類，此種間接之消息決擯棄不用；然歷史則此外幾別無他種材料焉。為救弊補偏起見，吾人對於客觀科學中之事實，與社會科學中之事實，不能不注意其不同之點為何。尋常科學如物理學或生理學等所研究者，為迅速運動之不易觀察或決定者也，為微細數量之必須精密衡量者也。至於社會科學所研究之事實，其為物遠較粗疏，吾人之觀察之也亦較不精密；祇須證明物品、個人、團體，或經過數年或數十百年之習慣等之存在，斯可矣；而且均以通俗語言或簡單數目表示之，初無細密衡量之必要。故社會科學之觀察遠較自然科學為粗疏。蓋因社會科學所研究者，乃浮光掠影範圍不明之渾淪現象也；或係人口與物品之數目及比例，其約略之範疇為性別、年齡、學生、工人、農民等；或係社會與經濟之制度；凡此種種事實，皆極易研究者也。是故社會史料本已粗疏，而吾人所必須蒐集之社會事實尤為粗疏。在社會科學中，吾人所研究者僅事實之大體而已。因之吾人可於觀察不精之事實中，辨明何種事實為規模甚大決難致誤之事實。此類事實中之主要者有如下述：

1. 事實之經時甚久而且常常可見聞者，如一人或一物之存在；常常重複之行為，如習慣、制度、風俗等；由多年同意而產生之慣例，如法律、規則、條約、稅則等；經時甚久之現象，如危機、疫癘及革命等；皆其例也。

2. 事實之範圍甚廣易於觀察者；如規模宏大之團體，如民族、社會等；集合行為或狀況之應用於廣大地面者，如法律、習慣、制度等；皆其例也。

3. 事實因斷語之用語較為概括及觀察之不必精密而易於斷定者；如一種制度之存在而毋庸詳述其內容，或一種數量之說明而毋庸精確之術語，如「滿目荒涼」或「煙火萬家」之類，皆其例也。

是故吾人如以此自滿，即可自史料中得到極其平庸而且不甚正確之斷語。吾人可云於此所謂正確，適與切實相反；斷語愈切實，則錯誤之機會愈多，而正確之蓋然性愈減。斷語愈模糊，則其正確之機會必愈多；斷語愈切實，則其不正確之危險性愈大。

㈢最後並有某種情形足使撰人所述正確之蓋然性甚大，此即當史料中之斷語與撰人心理上之習慣完全相反之時。假使一人所觀察之事實完全出諸意外，而且與所有對於世界事物之觀念完全相反，例如彼所不諳之語言，或彼所視為荒謬之事實，則其所述之事實，錯誤之機會極微。蓋吾人欲令此人承受與其所有他種觀念相反之新觀念，吾人必有一種強有力之外部理由，而此種理由實即一種正確之直覺也。最著之例即為當人類尚未瞭解日蝕或隕石等現象時代所描寫之日蝕、隕石等情形。是故撰人所視為極不正確之事實，在吾人視之其價值反往往甚高。唯此種標準極難應用得宜；其危險在於以吾人本身所具之心理推測史料撰人所抱觀念之矛盾。吾人須知撰人所視為不真之事實，必與撰人之觀念相反，而非與今日吾人之觀念相反也。迷信神奇異蹟之人往往易見神異奇離之事，此與其觀念並不矛盾，然吾人斷不可視為正確之觀察也。

三、各種獨立觀察之暗合——正當暗合之條件——研究斷語是否獨立之方法、來歷之考訂——獨立觀察之比較

是故分析功夫所能為力者，在於提出大致可信之事實，因之可使吾人對於經時甚久、範圍甚廣之社會現象，蒐集容有之消息而用之於社會科學中。僅就其孤立情形而論，此種消息將始終留在此種容有之境中。吾人無權可以視為已無疑之科學結論。然則吾人將如何獲得此種結論乎？吾人至此乃進於觀察之範圍，除應用尋常所有觀察科學中之進程外，別無他種方法矣。

所有各種科學之共通原理，即吾人絕不能根據一種單獨之觀念，即一種科學之結論是也。吾人欲享斷定之權利，必重複施行所有之觀察而後可。吾人之應付社會科學亦復如是。

是故達到結論之進程，在於綜合對於同一事實之數種觀察而審察其是否相合。如不相合，則其間必有一偽焉。如其相合，則必不外二種原因：或皆屬偽造而偶然相同，或因與真相相符故不謀而合。

然人類自欺之道不一而足，故事實錯誤之機會亦與之相同。觀察事實之正確方法唯一而已，故正確之斷語亦祇能有一，不能有二。是故各不相謀之觀察者極不容犯絕對相同之錯誤；當相同之觀察逐漸增加時，此種偶然之相合益不容有。蓋數種獨立之觀察而且與實際真相無關者斷無不約而同之理。此種不約而同之情形固可出諸偶然，然此種偶然之遇合絕無依時間次序疊次重複之理。蓋然性計算之應用即在於此。如獨立之觀察不約而同，則其間必有中介為之接合焉，此中介非他，即觀察者共有之基礎，所謂實際之真相是也。是故各種觀察間而有相同之點，則各種觀察必皆與實際真相相連。

以上所述即所有觀察科學中之根本原理也；如吾人不能重產現象而重複實驗之，則吾人所能利用者唯有此一種原理而已。此蓋一種實驗之原理也，其公式可如下述：凡親身觀察之錯誤絕不相同；唯有正確之觀察方不謀而合。

吾人如欲應用此種原理於史料消息之上，唯有集合數種相合之斷語於一處。是故吾人必須將分析考訂所得之結果分別部居，將關於同一事實之斷語集於一處。

吾人入手之始，將斷語集於一處；然後比較之，注意考訂各斷語之為利或為害。如自二種以上史料中所提出之斷語並不相同，則其中必已有一種可疑之史料混雜其間，須加考訂；此種不同之情形益足增加吾人懷疑此種史料之心理。如吾人本無懷疑之心，則此種不同之情形亦足以使人產生疑意也。

然吾人如欲進行得宜，有二種必要之工作焉：㈠決定吾人所能應用之真正觀察究有幾種；換言之，即獨立之斷語究有幾種。㈡綜合所有觀察以便達到一定之結論。

㈠吾人之自然傾向每以為一種史料即構成一種觀察。吾人對於同一事實如有十種不同之史料，吾人每視為十種不同之觀察。殊不知一種史料往往產出另一種史料，換言之，即一種斷語每產生另一種斷語：因之數種史料皆產出一種同樣之斷語。然當吾人見有各個不同撰人所編之史料時，每陷入數種不同斷語之錯覺，誤其為如許觀察之結果。例如幾種報紙同述一事：各報記者間每有一種協定，僅令其中一人前赴參與，歸而詳述其事，其他諸人則照錄之，以發現於各報。吾人因之遂有幾種不同之史料。試問吾人在實際上亦有如許之觀察否?當然無之，此十種報紙之記載僅代表一種觀察而已。如果視為十種不同之觀察，則與視同一印版史料之每一冊為一種觀察將無以異實。則吾人所應特加注意者，蓋在於同一事實各種獨立之觀察，而不僅在於表面上之各種觀察其為數若干也。是故吾人必先審明各史料間之關係為何，以便斷定何者為真正各自源於獨立之觀察，何者為源於同一之觀察。在專門術語中，此種史料之來歷，謂之為淵源。

此種史料淵源之考訂，往往予吾人以意外之啟示，為史學技術上一部分重要之工作。言其原理，頗為簡單。當二種斷語相同之時，其來不定出諸二種不同之觀察。蓋就吾人經驗而論，二種分頭進行之觀察，決無以相同之詞句造成其結論之理也。是故如二種斷語之形式相同，則其間必有一種為抄襲其他一種，或二種同自第三者抄襲而來；無論如何，吾人祇能視為一種觀察而已。然在實際上有二種困難：*1.* 撰人之抄襲他人文字者，往往故意埋滅其痕跡，故將形式改頭換面以欺讀者，學校中學生抄襲鄰座同學之文字，即往往如是。故吾人須在事實之基礎上以求之，最宜注意事實之次序及其連鎖。如果事實之基礎及其關係雙方所述者大致相同，即足證明其間必有一人為抄襲，蓋二種獨立之觀察決無將事實之次序及其關係以完全相同之進程出之之理也。*2.* 撰人同時所取之材料不僅一種。在此種情形中，吾人工作較為複雜，不能不另用他種敘述比較之。此種工作在研究古代及中古時代之史料淵源固占重要之地位，即對於現代史料，如報告、調查、研究、圖表、統計等，亦復必要。蓋吾人對於一種原本觀察之抄襲，其誘惑本極為強烈，往往不願再耐親自進行之勞苦。故當吾人對於同一事實而遇有二種史料時，必須審明其中一種有無抄襲其他一種之情形。吾人亦可斷定某種事實之淵源僅有一種易於抄襲之直接親察；吾人因之可以斷言各撰人所編之史料實同自一種同樣之成文抄襲而來。是故一種統計數目一旦引入一種著名作品中時，往往彼此傳抄，循至漸成信讞，無人再思有以矯正之矣。

此種史料淵源之考訂僅能予吾人以一種消極之結果而已，蓋僅能阻止吾人不致為假偽之獨立觀察所欺罔，而且僅許吾人保留其真正之獨立觀察也。

㈡當吾人對於同一事實之各種獨立不同之觀察完全蒐集之後，第二步工作，即為綜合之，以審其是否大致相同，足使吾人自其相同之處求得一種科學之結論。在歷史中與在所有科學中相同，真理之來必自各種獨立不同之觀察殊途同歸始。

吾人至此乃可提出下列有條理之問題矣：*1.*吾人對於同一事實有數種觀察否？*2.*其對事實相合之部分為何？*3.*事實之僅有一種觀察者，如何能使之與事實相合？吾人至此，蓋已離開史料考訂問題，而進於科學著作之範圍中矣。

第七章　事實之編比

一、事實編比之條件——由史料中提出之事實狀況、程度、性質及蓋然性之不同

吾人至是乃達第二部之歷史工作矣，即編比是也。吾人究用何法以編比由史料中提出之事實，而使之成為一種科學——有系統之渾淪——乎？歷史研究法如何應用於社會科學之構成乎？

一種科學之構成，其出發點非吾人之理想也，亦非吾人心意中所欲構成之科學也，根據實質而來，所謂實質即吾人所能利用之原料也。假使無相當材料可供實現之用，而欲計劃一種科學之構成，是欲於無中生有也，幻想而已。當哲學家意欲模仿生物學而以玄學方法構成一種社會科學時，若輩即忘卻此種實際上之必要初未嘗計及此兩種科學之材料，固絕不相同者也。

是故吾人第一須問：社會所學所能應用者，究係何種材料乎？就實際需要而論，社會科學之材料幾皆取諸史料，取諸與現代史所用者相同之材料，而非來自直接之觀察。此種材料之性質如何？何以與其他科學所用之材料有異？

第一，此種材料必須由史料之分析而來。其入吾人之手中也，已經分析而剖成原質；蓋在一種史料之中，本含有無數之斷語，而有時即在一種斷語之中，亦含有數個之原質，吾人對之，有取用者，有排斥者。每一斷語即構成一件事實。然此種事實其種類極不相同者也。

㈠此種事實所能統括之程度極不相同。例如在一種統計之中，有屬個人者，有屬部分之增加者，有屬一般總數者。在一種說明之中，一種單獨特殊之事情可與一種制度之全部並列。

㈡此種事實所表出之對象，其性質大不相同。史料撰人之敘述事實時，其見解並不與分類者研究此種事實時相同。為撰人者並無必須依照編比者所必須之次序而敘述之理由。故編比者所得之事實往往雜亂無章，此在史家方面因其所研究之事實種類較為繁多之故，如語言文字上、概念上、信仰上、感情上、制度上之種種事實，當然較甚；然在社會科學中亦已足令人難以措手矣。吾人雖可將大部分之事實納諸社會事實之一類中，然即就此一類而論其內容之混亂，已遠較其他實驗科學為甚。在直接觀察之科學中，吾人可以任意抉擇吾人所欲觀察之事實而觀察之；至在史料科學中，則吾人所能利用之事實純自他人手中接受而來，在應用以前，非先加以選擇不可。

㈢由史料中提出之事實有可疑者、有容有者、有無定者，皆須經過一種考訂之手續。此種手續之簡單者僅表明吾人之贊成與否而已足；複雜者即須加以真偽之考訂。考訂所得之消息，重要異常，故吾人因之不能不珍視此種考訂之手續。

吾人欲使此種雜亂之事實能與他種事實比次成章而得一確定之結論，非先從事於集合不可。在其他科學中亦然，吾人欲得確定之結論，非先將對於同一事實之各種觀察集於一處不可。然在實驗科學之中，吾人可以屢加試驗而後發表之。至於歷史，吾人所賴者僅有偶然之史料而已，其為物也，單獨而特異者也，正如病人之症候然，必在醫學雜誌中積有多件而後方可診斷其究為何病。

是故吾人考訂史料之後，最初所見者乃一團雜亂無章之瑣事，一種散漫無紀之知識，以一串價值不等之言詞，表出種類及統括程度均極不同之事實。在社會科學中，此種事實為：*1.*關於各種不同生物或物品之統計項目，其價值高下依統計者之智慧或心術而不同；其所統括之時間、空間之程度亦極不相等：或僅述一人，或關係一群，或僅述一部，或概括全部，或僅屬一時，或包含有不同之各時代。*2.*習慣制度、物質狀況之描寫；一件瑣事或整件事情，或僅一民族中之一小群或一民族之全體，或全世界、全人類之描述，其正確程度極不相同。*3.*局部制度、一般制度或全國制度之規則，其中有切實遵行幾與實際事實之描述無異者，有徒具虛名而實同具文者，亦有部分實行而部分則視同廢紙者。

二、暫時之編比──專著──類纂

吾人欲瞭解此種雜亂之事實，非先事分別部居之工作不可。所謂分別部居即先將史料中提出之事實加以分別，然後依同一原理而分其種類是也。然事實之混亂已極，而分類之事業又繁，故已非一種工作所能了事。在所有史料科學之中，吾人不能不用分工之制度。第一步，實際而且臨時之分類為分解紊亂之事實，各依其性質歸入各類之中；而編成一種類纂或一種專著。第二步，為科學與確定之分類，以類纂或專著為出發點，先求同一性質之事實間之關係，再求性質不同之各類事實間之關係。此二種工作甚至可由二類作家分任之，即博學家與專門家是也，或即章學誠所謂記注家與撰述家是也。其目的在於直接整理臨時分類所得之史料。至於確定之分類則讓諸具有通史見識者擔任之，此即通史名家具有良史三長者所有事也。

臨時分類之主要體裁有二：即專著與類纂是也。專著之形式較為簡單，其所依據之原理蓋為大部分著作家自然所應用者。吾人將全部性質相同關係甚密之事實集於一處而嚴限於空間及時間之中。例如一年中或一短期中，某一名人行止之專著，或某城中一種職業團體行為之專著是也。其另一種專著之形式則為分行並列之詳細統計表，其中事實曾經分析而且計數者，例如某城人口之分析統計或某一國歲出歲入之預算案是也。吾人在專著中所研究之事實，其範圍甚狹，故可將同一標題中所有已知之事實集於一處。而且此種工作極易引人入勝，激起精神；吾人所感之愉快不在於多知，而在於較世界上他人之所知為多。對於某一主題，如能完全蒐到吾人之所知，即蒐羅事實而能賅備無遺，實為人生樂事；此實蒐集家之理想也。

此種專著之範圍實受蒐集家之限制，普通蓋有實際上之理由。故其結構之大小甚不相同，一視吾人所能利用之史料之多寡而定。假使材料甚少，撰人之傾向往往擴充其專著於人數較多或時間較長之一群。專著之題目，其關於古代者往往較關於現代者為廣而且大，其故即在於此。

專著所以能存在於史籍中之理由，在其能駕馭某一範圍中所產生之一切事實。通常專著本在於編比性質相同之事實；然同時亦可將同一地方所產生各種性質不同之事實納諸同一專著中。此在實用上往往極便於參考；唯必須依事實之不同性質，分成顯著之段落以便於翻檢耳。

昔劉知幾作史通，稱美列女傳，謂其「博採經籍前史，顯錄古老明言；而事有可疑猶闕而不載。斯豈非理存雅正，心嫉邪僻者乎？」是故當專著根據史料編成時，對於各件事實非說明其來歷不可。此實一種必要之規則也，而學者多忘之。彼為專家者，殊不知讀者對於其著作之淵源所自，本有要求標明之權利；而從事於史料之整理者，對於此點每屬最為健忘之一人。有時若輩對於來歷既不能為有系統之說明，遂並一切參考註腳亦排除殆盡，抑若其著作純屬其本身觀察之結果者然，此章學誠所謂以比類之功而妄援著作之義也。不標所出未免無徵，無徵且不信也，其能列入著作之林乎？

至於所謂類纂，不過一種專著之彙編，將古今來名家之史學專著依其性質相同者而纂輯成書。然中外學術界中之類纂，往往以簡略之專著或昔日單行出版之專著之綱要集合而成。上者略本原書，下者割裂飣餖，其價值高下至為不齊。唯科學之必須應用多數特殊事實者，此種類纂之為物，實為一種實際上之必需品。因其既能集合散漫各處之專著於一書，復能刪其繁而撮其要，去其重複而著其關係，使覽者易於為功，作者資其參考，此即紀昀所謂「操觚者易於檢尋，註書者易於剽竊」者是也。故其編比也，必以適於實用為主。普通編比之次序，其在吾國，則向有分門隸事，分韻隸事，十干為序，或五音分集等義例，而最近則有依字典部首而排比者，其有資實用，較前似更進一籌。其在西洋各國，則以依照字典式之字母排列為最多。然吾人決不可誤會類纂為一種科學也，蓋實一種科學之實際條件，所謂「本無深意，便於隨事依檢」而已。至於在統計中，吾人將事實或列為表，或繪為圖，故比次之時不能不略加武斷，其次序每另以索引表明之。

實際上，吾人如欲構成一種確定之科學——即蒐求各種事實間之永久關係——當然不能不求事實於專著及類纂之中。利用此種類纂或專著時，吾人仍須施以與研究史料相同之規則，而以考訂工夫開其端。然吾人祇須加以一般之考訂，明瞭撰人利用史料之方法為何，即為已足，不必如史料之必須分析也。故此種事業較為簡單。蓋如撰人編纂得宜，必能原原本本標明其材料之來源，使吾人一望而知其材料之價值如何，及其利用材料之方法如何也。

三、事實之性質——一般事實或單獨事實、確定事實或可疑事實——生存——人類行為——動機

事實之暫時編比，或取類纂形式，或取專著體裁，本屬無所不可。然吾人若欲將所有事實編比而成為科學上之著作，則必須先問此事之是否可能；換言之，即先須注意吾人所編比之事實，其性質為何也。

吾人編比事實可根據二種標準而分其範疇：㈠依據事實所能統括之程度；㈡依據斷語所隸之種類。

㈠就統括之程度論，吾人有個人之事實或單獨之事實，有一群之特殊事實或一群之一般事實。普通社會科學所研究者，非純粹單獨之事實也，亦非某一個人在某一時代之行為也；社會科學所研究者，僅人群而已。當其蒐集單獨事實或個人事實時，如調查某

一事實之類亦無非因其為全部社會事實之原質，或至少如研究袁世凱之取消帝制，因其在社會生活上發生極大之影響之故。而且遇到此種情形時，社會科學所取者，僅事實之概要而已，非其詳情也。一言以蔽之，社會科學所研究者，人群共通之事實也。

㈡就斷語所隸之種類論，吾人所有之事實中，有因異口同聲已確定無疑者，亦有僅屬容有而未能絕對確定者。實際上，社會科學中唯一可以斷定之事實，每係公牘中所載慣例上之社會事實，或由文字之說明上得來一種廣泛之物質上事實。蓋吾人一旦欲利用數目以求其切實，則其確定之程度即將就此而停止。慣例上之事實，其形式或為規則，或為命令，或為法律；換言之，即公家書牘也。所有公家書牘本暗示其包含有一種編纂此種公牘者之同意；然此種同意，純屬官樣文章而已，決不足以為規則與外部事實相符之證據。無人遵行之規則始終為一種純粹心理上之現象，一種簡單之慣例而已，決不能成為一種外部社會之事情也。至於廣泛之事實或係一種文字上之說明，或係由數目相加得來之一種近真而不精確之報告，吾人如欲明悉其中計算之有無錯誤，仍不能不有兩種獨立之結果之比較，而此又罕有之事也。是故吾人不能不承認在社會科學中，吾人所能應用者，僅屬一種容有之事實而已，用彼此互證法而編比之，並用連續編比法而求其結論。

是故吾人於此不能不注意瞭解事實方法之不同，吾人必須研究事實性質是否屬於一般，是否屬於容有。其實即使吾人能瞭解事實之性質，吾人所能利用之知識仍以吾人所用之方法是否可靠為條件。然相異之處之最重要者仍屬事實本身之性質。總之，所有科學上之分類顯然不能以吾人與事實間之知識關係為標準，而必須以各種對象間之固有性質關係為標準，蓋前者係偶然之關係，變化無定；後者為永久之關係，顛撲不破也。

根據其性質而論，吾人間接由史料得來或直接由觀察得來之對象，可分為三類。此三類對象實為吾人在著作上所能利用之唯一事實，茲故列舉如下：

㈠可以直接觀察之物質的存在——計有二種：一為人體，其得為社會科學之對象，因其能為人類生活之條件也。其次為物質對象，則以能與人類有關係者為限。社會科學對於人體所注意者，僅其數目及一部分極顯著之特點，如年齡、性別、疾病或多寡等而已。至於物質對象，種類甚繁：人類所役使之動物也；人類所耕種、經營或利用之地面或水道也；房屋、森林、運河、器具、工場、道路、船隻、商品、動產、錢幣，以及運輸材料等各種人類活動之產品也；皆屬之。吾人根據此種對象大略可以窺見人類之生存，其在地理上與年代上之位置，及一部分極其顯著之特質。此種特質之現於外者，當然不足以為深究對象內部性質之根據，然至少可藉此窺見大群與支群之分配、數目之多寡，以及數目之變動，如增加、減少及地位之變更等。例如吾人不必事先研究蠶之解剖，別其優劣而後再歸諸江、浙兩省之蠶中也。總之，吾人於此不必求其原因，即可獲得對象之生存、數目及地位等無形現象焉。

㈡人類行為——此種行為皆屬過去，吾人已無法可以觀察矣。然吾人固知製造人類物品或轉運人類物品必須具有何種人類之行為。是故當吾人既知此種物品之存在、來源及其地方，即可進而研究其工業上及運輸上之種種行為。此外尚有一主要之中介焉，足以使吾人瞭解過去之事實。此即史料撰人曾經施以直接之觀察而以口頭或筆述傳下之人類行為是也。凡自殺、罷工、市集、集會、會議、講演、規則、帳目等，皆屬之。此種行為多屬純粹之象徵；例如關於銀行或財政部各種行為之限於口頭或書面者是也。然此種象徵每能產生實際上之結果，而且終歸於物質行為之實現；蓋由一種無形之信用而變為物質對象者也。

當此種行為出諸一人時，吾人稱之為單獨行為；出諸同時數人時，則稱之為集合行為。試問集合行為是否與單獨行為不同？學者對此問題多所爭論，然此係哲學上問題，在方法應用上初無關係；就觀察者方面言，吾人祇有個人行為或個人語言之「總數」，而觀察則為尋求知識之唯一方法，凡屬科學均須由觀察入手者也。假使某數種集合之現象，即生存於社會中之個人所造成者，自有其特有之性質，則此種性質之發現，必在吾人對於孤立事實加以綜合研究之後；正如生物學上各種現象共通性之發現，必先自觀察同一有機體中各種孤立之現象入手而後可。若對於某種現象預先假定其應有特殊之性質或先驗之理由，是以成見為真理而非真理之面目也，不且違反所有實驗科學中求知之方法乎？

㈢動機——吾人既達到事實之本體，即離開直接觀察之範圍，此所謂直接觀察之範圍即所有觀察科學之範圍也。然吾人如欲說明社會之事實，吾人勢不能永遠置身於此種範圍之中也。蓋社會中人類行為之原因決不在其本身或其他物質行為之中也。無論何種行為，如商業上之往還、如工業上之製造，甚至如犯罪或自殺等，均不能直接與他種行為相連。其產生也必須有一種動機，即一種心理現象是也。動機一詞之為義當然甚泛，此蓋吾人對於一切現象之知識尚極幼稚有以致之。人類之一種行為，吾人每可予以二種之解釋。其一為心理之解釋：其意以為行為係由一種精神之意識，如判斷、希望及志願等所產生，使神經與筋肉起一種機械之作用。其一為生理之解釋：其意以為行為之直接原因在於一種衝動，由知覺神經中樞之直接作用而產生；所謂意識，吾人誤認為志願者，不過一種附屬於某種神經現象之外表作用，對於各種運動絕無影響者也。然在此兩種解釋中，吾人所能確定者，即物質行為或甚至象徵行為（如口談或筆述之行為）係外部之現象，由外部之機械作用而產生；至於行為之出發點往往在於中央而且隨有一種理智之意識現象。是故構成社會科學原料之人類行為必須以理智之意識現象為中介，方能瞭解之。因之吾人對於社會事實不能不適用心理之解釋。當法國孔德（Auguste Comte）根據外部事實之觀察以建設社會學時，曾欲避免心理之解釋；殊不知此種外部事實不過一種心理作用之產品。如僅研究外部事實而不知其所以發動之心理狀態為何，是猶不問病源而妄開方劑，不諳舞蹈者音樂而欲瞭解舞蹈者之步伐也，豈可得哉！

第八章　社會科學事實之編比

一、社會科學中事實之性質——物質與心理之特性——絕對客觀方法之不可能

社會科學原料所資之事實，其所處之狀況每足以駕馭編比之進行而加以限制。

吾人所知之社會事實其大部分皆用一種間接之方法得來，即史料是也；以此種方法所得之事實，其性質必膚淺而廣泛，僅限於研究生物、習慣、團體或個人之生存而已。是故所有社會科學中之事實，必皆具有此種膚淺廣泛之特性。即吾人能用一種直接觀察得來之事實，亦祇能與自史料中提出之事實視為程度相同時，方可合於一處而應用之。例如在一種調查錄中，吾人對於某幾個家庭雖有由直接觀察得來之詳細情形，亦無所可用，蓋吾人不能將其加入調查者所需要之廣泛範疇中也。

此種事實之性質或屬實物，或屬行為，或屬動機。然其物質部分，即唯一可用客觀

態度之部分，決不能與心理現象分別而利用之。吾人意想之中雖有一種純粹之生理統計，列舉人體、性別、年齡、疾病及人類學上之各種特性；然此種統計本身決不足以構成一種社會事實也；吾人必使之與一種民族、一種宗教、一種階級，總之與所有內部各現象發生關係，然後方能決定吾人所欲統計之社會為何。一種實物之統計亦復如是，如商品或動物之類，必有一種心理事實——即享用——摻入其間方可成為社會之事實，吾人所統計者，乃一個社群中各人所享有之商品或動物也，是故於此，必有財產權之心理觀念參入其間。事實之社會性即由此而來，即所謂政治上或經濟上之內部現象也。

所有政治上之事實，根本上皆具有心理之特性，吾人於此實已無表明之必要。所有政治團體最重要之根據，即為大眾應服從同一中心之觀念，或人與人間共通性之觀念。無論吾人是否另有他種集合現象與服從觀念或共通性觀念有關，姑不具論；無論如何，政治事實之存在必以此種觀念為根據，而且亦唯有以此種觀念為中介，吾人方感有此種事實之存在，則殆可斷言。一旦觀念變動，政治狀況即隨之而變動。同是朝鮮人，當其自信為與中國同種時，其民族觀念即隨之變化焉。

在經濟事實中，此種主觀特性較不甚著；或至少因產生經濟現象之實物具有物質特性之故，此種主觀特性較為不甚明晰。然就實際而論，所謂實物不過經濟事實產生之機會或條件而已；真正經濟之事實，實為人類對於此種實物關係之觀念。所謂享用即係一種處置吾人所有實物之觀念；其證據即為在財產中吾人可以發生革命，如秦商鞅之開阡陌，其初並無物質上之運動，即其一例。然當時所謂庶人及地主對於其權利之觀念已足為之一變。商業上之行為為一種慣例之集合，所謂慣例，蓋即心理現象也，其目的在於變更實物之享用；而實物之真正移轉不過此種慣例之物質結果而已。即消費及生產本身亦有一物質之部分；然其經濟之特性純由一種純粹心理觀念賦予之。指導生產而決定消費者，蓋價值為之也；而價值之在實際上實為一種主觀之現象。吾人所以必謂「在實際上」者，蓋因吾人對於可以數量之實質，如力與熱，亦可抱一種客觀之價值觀念也；吾人可用機械力與熱量之單位估計一切實物與物質行為也。然吾人對於此種機械上、化學上及生物學上之估價，與經濟學並無何種關係。如以熱量價值估計養料，以力或熱之單位估計行為，則所有經濟實質必為之顛倒，而成為異想天開之笑話。例如謂一兩木炭將值一兩之鑽石，一小片之乾酪其價值將遠高於一瓶杏仁露，寧非奇語。誠以真正之經濟事實並不以此種純粹客觀之實物為基礎；而以純粹之心理價值為根據；所謂心理價值，即吾人之想像賦予實物之價值也。吾人之證據即在於價值之高下常隨人類想像而變動，即絕對物質之對象亦復如是。豬肉與酒之價值在回教諸國中者，決不與在基督教諸國中相同。吾人所以茫然於此種價值之心理特性而不甚感覺者，純由吾人居在一種有規則之社會中有以使然，蓋此中價值觀念之變化甚為遲緩也。然其差異之著例仍屬不一而足，如骨董或首飾等時尚之實物，其價值之升降皆出諸驟然也。

心理之特性既附諸社會事實之上而不能使之分離，則吾人編比社會科學時，固無權可以埋滅之矣。是故吾人必須於社會事實中求其互相連帶之關係；換言之，即實物與心理現象相關之事實也。而此種關係勢不能不具有主觀之性質焉。

二、社會之分析——社會分析與生物分析之不同——社會分析之抽象與主觀性——想像之地位

吾人獲知事實所用之方法必亦影響於吾人編比之性質。然此種事實大都自史料中得來，即由一種史料之分析而得來者也。即彼曾經直接施以觀察之事實，亦依社會分析之程序而蒐集之；換言之，即在史料上或實質上之無數事實中，吾人選其一部分社會之事實，如習慣或制度之敘述等；此種事實固非分析不可者也。然則此種分析之特性究竟為何？

分析一詞在社會科學中，其名義即已足為一種致誤之絕大原因。在客觀科學中，所謂分析，純係一種物質上客觀之工作；所謂分析，本即分解或分化之意。在生物學上與動物學上，吾人之分析為一種對於真正動物之實際分析工作也；吾人實行解剖之；於是乃進行真正之綜合，集其各部於一處以考察其相互間之關係。在化學上，吾人對於物質施以真正之分化或化合。此類科學皆以真正之分析與真正之綜合為基礎；吾人可以客觀態度明曉實物分化之部分為何？及其互相關聯之地方何在。

至於歷史上或社會上之所謂分析僅屬一種暗比上之分析。吾人並無真正之實物可資吾人之分析或綜合；故吾人並無真正實際工作之可以進行。吾人工作所憑藉者，不過一種文字而已，吾人所有之實物不過一種紙張而已。文字之為物，本屬一種象徵；吾人祇能以心理作用應付之；所謂心理作用即由此種文字所引起之想像是也。在歷史中，吾人工作進行，純賴想像之力。吾人研究宋、元時代之海外貿易，至今已絕無具體之實物可憑，既無當日海商之留存，又無當時船舶之可睹，吾人所能利用者，僅此種事物在吾人心理中所表出之想像而已。而此種想像中之事物又復純賴吾人對於現代海商或船舶之比論。吾人工作所依據者，僅當日海商與現代海商共有之特點而已，此蓋抽象之想像也。

調查亦復如此，其本意即在分析一個社會；然其工作進行僅在調查某一地方究有某種性別、某種年齡，及某種職業中之個人若干；其為法也，蓋用問題而不用觀察者也。即使吾人可施以直接之觀察，吾人亦僅向對象以求答案而已，初未嘗加以分析也。

是故社會之分析與歷史之分析同，純屬一種抽象理智之進程。其對於一種實物或一團之實物，一種行為或一團之行為，僅繼續注意此種實物或行為之各部分，而一一考察其各方面（此之所謂方面乃屬一種暗比）；並細察其各種不同之特性為何。人類精神原極薄弱，故此種工作實屬必要。吾人所得之印象當然混亂不堪，故吾人不能不繼續考察各種不同之特殊印象以便切實辨明之。此種工作之結果不能予吾人以新知識也，僅清理吾人混亂之知識而已。此種分析與解剖絕異，其為法也，並不在於發現新實物或各種實物間之新關係；僅係一種思維之方法，其目的在於清理吾人印象中所有之各種原質及其相互間之關係。

就實際而論，在社會科學中吾人所研究者，非實物也，乃吾人對於此種實物所抱之表象也。吾人未嘗目睹吾人所調查之人類、動物或居室也；吾人亦未嘗目睹吾人所敘述之制度也。吾人對於人類、實物、行為、動機等，不能不用想像功夫以研究之。此種想像即社會科學實際之材料；亦即吾人欲加分析之材料。一部分材料或係吾人躬親觀察實物所得之記憶；然所謂記憶並不較想像之真實性為強。而且大部分材料並不純由記憶而來，而以吾人所記得之想像彷彿其梗概；換言之，即用記憶中所有之想像以比擬之者也。在一種調查中，吾人意想各種不同之實物。例如吾人欲描述一種委員會之職務，吾人往往意想各會員之行為及其態度而推知其性質之何似焉。

是則在社會科學中與歷史中同，吾人工作之材料純屬想像中之實物。吾人如欲以分析真正實物之規則施諸想像中之實物，其為不合理可無待言矣。

三、編比之進程——比論之應用——問題之應用

吾人之工作既純以想像為根據，則吾人所得之結果其能不純屬想像乎？此種工作當然屬諸心理。然心理上之工作不即非真實之謂。吾人對於一種心理意象與一種實質間，正可有一種切實之關係，所謂記憶即其著例。世上絕無人將記憶與幻象混而為一；而實際上，吾人行為之大部分皆受記憶之指導者也。

吾人理想上之工作為能常有由記憶得來之意象以資憑藉。社會科學之勝於史學亦即

在此，蓋其材料之得自記憶者，遠較史學為多也。研究社會科學者，進行工作時所用之材料雖屬文字，然亦往往曾經目睹此種實物而記憶中尚能彷彿其大概。唯實際上，人類所能記憶之事物為數甚屬有限；此記憶中之事物供給專著之材料已覺困難，若欲供給宏篇鉅製之文章必嫌不足。即在統計之中，吾人亦幾不能不純賴非自記憶中得來之意象以為資料也。

是故吾人因記憶缺乏之故，不能不根據記憶中事物之比論自造意象以資憑藉。玆試述其進程之途徑。吾人假定吾人所不能觀察而又可在史料中間接窺知之生物、實物、行為、動機等，均與吾人在現代世界中觀察而知者可以相比。此實所有史料科學中之必要原理也；假使史料中所述之事實不能與吾人所曾觀察者相比，則吾人對之即不能瞭解矣。

然吾人若僅單獨表出孤立之生物、實物、行為或動機尚未為足也。吾人所能止於此步之工作，最多以關於計數者為限，蓋此種工作祇須將數目相加即可也。然即此亦尚有一條件焉，即吾人須知此種孤立之事實應屬於何一範疇是也。吾人目的既在表示其渾淪，則不特須想像其行為，並亦須想像各生物、實物或行為間之關係。吾人之想像此種關係純賴吾人對於現代各種事實間關係直接所知之比論。是故吾人想像古代之人類及其關係為與吾人現代所知者相同。吾人乃以先驗態度著手而斷定人類之一般特性及其關係。所有史料科學所以必包含有一部分先驗之事實者，其故蓋即在此。

吾人欲想像人類，不能不表出人與人間及人與物間主要常見之關係。此種關係係吾人曾在生活中見之，吾人當然不致以意為之。然吾人之觀察始終仍在一種記憶之狀態中，為吾人所有意象中之一部分，吾人於此應加辨明。唯實際上，吾人欲在意象中提出構成社會人類關係，實祇有出諸審問之一途也。

是故吾人在社會科學中，所以實際上必用審問之方法，其最初理由蓋即在此，固無待論理學上之理由為之說明。吾人欲分析現象，即吾人所有之意象，唯一方法即為審問，於是再決定各現象間假定之關係，以便綜合孤立之事實而編成渾淪。此種方法能以一種關於社會生活定律之標準，供吾人綜合稀少事實之用。

史料既經分析之後，孤立之意象充滿吾人心理之中，審問之道即為整理此種孤立意象之唯一方法。吾人須審知吾人意象中之事實，其在實質上產生時之條件為何。吾人欲答覆此問，必須瞭解社會事實必要產生之條件為何。此種條件吾人蓋預知之，因其為人類所同具者也。其為物也，或屬人類及其物質狀況所共有之生理現象，或屬人類共有之心理現象。在此種現象之中雖有種種之差別，而且吾人因不能預知之故，不能不辨其實現者究係何類；然吾人可以預知者，乃吾人所遇現象之種類也。例如吾人固不能預知一民族之工商業等屬於何類？其人民之年齡與性別何如。然吾人可以預知其間必有一種製造與交易、性別與年齡間及各種性別與年齡不同之人口間，必有某一種之比例。此種現象吾人雖不知其差別而卻知其種類，即為吾人審問之資料。吾人可用分析人類一般狀況之方法以構成之。

此種用先驗態度構成之問題或為一部分人所厭惡。然在實際上此外實別無他途。吾人祇能根據吾人對於實際世界之知識以為分別想像中所有事物之標準。不問吾人願意與否，吾人終不能不利用問題。吾人雖無意於此而甚至有意避免之，亦不可得。所不同者，無非毫無意識而且因之混亂而已。吾人所能自主者，不在進行時之是否利用問題，而在進行時或用未加思考殘缺不全之問題，或用思慮周密切實完備之問題也。

所有歷史事實或社會事實之編比，必屬一種想像之工作；蓋觀察所能給予吾人之直接知識僅係個人或物質狀況而已。所謂社會用一種關係之綜合，此種關係非吾人直接所能觀察者也，蓋純由想像得之。此種工作不問其在史料中或在觀察中，總不外於搜尋先驗上所提出問題之答案。此種劃一之問題即居於社會中人類共有之一般狀況也。

是故社會科學事實之本身含有一部分內部主觀之現象；用一種純粹主觀之抽象分析得來，而且唯有用一種主觀之審問方法方可構成。主觀之特性既不能與自然之本質、知識之方法，以及社會事實構成之方法絕對分離，則社會科學之方法當然不能不純屬一種主觀之方法也。

第九章　並時事實之編比法

一、社會事實主觀性質之結果——算學方法、生物學方法及歸納心理學方法之不合法——實際規則

歷史事實既經斷定之後，可用二種方法纂輯之：

㈠將同一時間各地方所產生之事實連成一氣。

㈡將各時代所產生之事實連成一氣。

是故編比之方法有二：

㈠為並時事實之編比，以描述一個社會之渾淪。

㈡為連續事實之編比，以研究一個社會之演化。

因此，著作歷史之工作有二：

㈠為某一時代事實與事實間相互關係之描述，目的在於表明事物之狀況。

㈡為時間中連續變化之研究，目的在於決定事物之演化。

吾人欲描述並時之事實，決不可忘卻所有社會事實之主觀性。物質事實——如人體、工具、出產品等——之中有一部分為行為之條件，固無可疑；吾人儘可努力於決定其數目及分配，然此僅初步之研究而已，決不足以使吾人瞭解社會之全部也。社會行為亦然，亦有其物質部分——如生產、製造、運輸等；吾人亦可努力於觀察，以決定其數目與分配。然此種研究仍未為足也；吾人所得之行為，東鱗西爪，仍屬一種不能瞭解之現象。所有人類之行為，均甚複雜者也；其主要部分之足以說明其餘一切者，或係個人之意志，或係數人合意之慣例；換言之，即係一種心理現象之分析未清而又具有表象者也。經濟事實所以與政治事實相同，其理由即在於此。是故所有歷史之著作非保有此種心理性質不可，蓋唯有此種性質方足以使吾人瞭解此種現象也。凡需有條理之編比之事實，皆屬表象之事實也。

因有此種必要遂產生三種重要之消極結果。吾人雖欲根據比論應用他種科學上之方法於社會科學中，因之亦有所不能，或至少足以限制此種方法之應用於某幾種附屬特殊事實（人類學上者或工藝學上者）之研究。

㈠最直接而且在歷史上最早之嘗試為應用算學方法於社會科學中。法國克特來（Quetelet）實開其端，而波多（Bourdeau）在所著歷史與歷史家（*L, histoire et les historiens*）中，甚至欲以算學方法研究歷史之事實。根據此法，先分事實使之以類相從，並計其多寡，然後比較各類數目而斷定各類事實間之關係如何。關於並時事實之研究即先計各類事實之數目，然後根據數目以斷定各類事實之輕重。例如波多主張吾人欲斷定某一書在社會中之影響如何，則計其出版數目之多寡即可窺見其梗概。此種方法之根據在於混分量與數目為一而不分。

其實社會科學中之分量僅能應用於少數不甚重要的物質狀況之上，如身材、年齡、物產重量、錢幣價值等常見之物是也。此種分量固能供給一種有用之消息，然謂其能表出一個社會，或甚至一種社會現象之實情，則勢有所不能。對於其他統計之事實，數目所代表者僅屬一種計數。然當吾人計數時，必先著手明定此種現象在習慣中之形式為何？或甚至取一種具有慣例特性之事實，如婚姻、犯罪等等。計數所表者不過在吾人所計之現象中，此種慣常性質發現之次數而已。此種性質往往僅屬於一種之表象，然吾人不能計其表象，更不應將表象之數目相加以建設科學之命題。吾人固可計算罪案、自殺、離婚及私生子等之數目，然吾人根據此種數目所得之結論將為何物耶？吾人所比較者本非等量之物也，或甚至並非可以數計之物也。在信仰異端亦視為犯罪之國家，暗殺之凶手與異端之信徒間，其果有共同之關係乎？數目為物固未嘗無用，因其對於吾人必須研究之一種反常現象，有時可予吾人以相當之觀念也。然就其本身而論，對於此種現象迄不能下相當之結論。且數目所能應用者，僅屬吾人所已深知而且範圍甚明之現象而已；又因其不能探討現象之性質也，故數目並不能分別現象之種類。吾國近日有人主張以統計方法用諸正史之列傳，以冀藉以明瞭各地人才及文化盈虛消長之情形者，蓋於此似未嘗致意也。

㈡為時較近、為用較多之第二種嘗試，為應用生物學方法於社會科學中。人類既屬生物之一支，社會事實既屬人類之產品，則視社會演化為合於生物之定律，並視社會科學為生物學之一支，似均理所當然。實則一部分之社會事實，如疾病、生產、死亡等，固均屬生理上之事實；故吾人可有人類現象之生理學，而在事實上吾人亦有此種生理學，即所謂人類學或人種學是也。然此種科學實擯棄社會事實如經濟關係及大部分統計所得之事實等於研究範圍之外。此蓋因此類事實決非生理學所得而說明。此類事實固亦有其物質之部分；然與政治上、藝術上或宗教上之事實同，同為人類行為之必要條件。至於事實本身，則皆屬慣例與信仰（即表象），決非生物事實之知識所能說明者也。

吾人在社會科學上既不能直接利用生物學上之知識，遂以為至少不妨假借生物學上之方法與定律直接引入社會事實之研究中。因此遂將生物學上之名詞加諸社會事實之上。個人則稱之為「細胞」矣，制度（即慣例及規則）則稱之為「器官」矣，人類習慣則稱之為「器官之機能」矣，人群因某種共同關係，如語言、政府、宗教等而造成之團體，則稱之為「組織」矣。抽象之性質既變成具體之機關，一種暗比之制遂以成立。於是遂以生物學上直接觀察所得之定律應用於此種暗比之上：如機能之優劣也、環境之適宜與否也、物競天擇也、進化退化也、器官之發展也，皆是也。

吾人如欲應用此種方法於社會科學之上。第一條件應證明一種生物之組織與一個社會之組織完全相同，或至少其性質應大致相似。此處所謂社會指具有同樣習慣、同樣風氣或隸屬於同一統治者之人群而言。然吾人所能表明者僅一種暗比之比論而已。殊不知社會事實與生物事實之間實有一種根本不同之特性：即心理的特性是也。神經中樞之機能與中央政府之職務固屬相似；然僅係一種暗比之相似而已。神經中樞之作用出諸生物學上之進程；而中央政府之職務則出諸心理學上之進程也。正當之方法不能自始即絕對置社會現象之根本性質於不顧。在社會科學之研究中，表象觀念切須始終保存，此則決非純粹生物學上之方法所能辦到。無論如何，吾人如必欲應用此種方法，亦祇能以研究生物之現象為限。吾人儘可否認研究他種現象之可能，而且公然否認心理上之事實，然決不能破壞此種現象以求其能與生物事實之形似。根據此種暗比之方法，吾人所能得者僅一種文字上之科學而已，此於事實性質及關係之瞭解上決不能有所裨益；蓋吾人於此必先將此種暗比文字中之事實翻成社會事實本來所用之文字——即一種心理學上之文字也。

㈢第三種之嘗試，其性質又異，是為一種混合方法之應用，即以心理學為出發點而在編比時則適用論理學者也。十九世紀初半期之經濟學即通常稱為正統派者，實為此法中之最完備者。凡屬自分析入手之科學，其研究方法均以此一般原則為出發點。吾人先之以一種暗比上之分析，即心理上之分析。試觀察極習見之社會現象，例如交易，吾人須研究此種現象所依據之心理現象何若。吾人辨別其中最尋常而又可視為最重要之一、二種，即供給與需要是也；乃納之於一種原則之中。吾人自此可用歸納方法以尋求人類因謀貴出賤取之利而產生之行為為何。此殆為一種臨時過渡之方法，目的在於確實其正當之印象；以便研究構成一種買賣行為之他種心理事實，並用觀察方法以研究此種事實與實質之關係。然吾人每忘卻回返於觀察；吾人自此種最初所見之抽象原理，即用歸納方法以斷定獨受此種表象之影響而產生之結果為何。而此種歸納所得之物，吾人稱之為定律。此種進程一部分頗與算學上之方法相同。然吾人如欲以此種算學上抽象之理論應用於實質之上，吾人每將實質上之他種原質納入計算之中，而僅將無關緊要之微量除外。在合理之社會科學方法中，吾人每不加思索，僅根據一種單獨之原質以計算其實質焉。

是則上述算學、生物學及論理學之三種方法均不甚正確。吾人如引用於社會科學之中，是吾人實為虛偽之比論所誤。吾人可用歷史以證其不合之處。吾人至今尚無一史家抱有應用此種方法於歷史之意。蓋亦有其事實上之理由。史家所能運用之材料，其心理特性甚為顯著，斷不能漠視不顧焉，此史家所以不致為生物學之錯覺所誤也。史料之含有數目者甚少，此史家所以不致誤信歷史事實可以變成數目之謬說也。史料性質極其複雜，此論理學上之抽象理論所以不適用於歷史也。是故史家不致誤入社會科學之荊棘中者，實因歷史性質極其混亂之故。此種混亂蓋足以取消史家提高歷史為科學之要求，而阻止歷史模仿他種科學而現出科學上之外貌也。

是故歷史研究法之為物，雖至今無甚進步之可言，而卻大有造於社會科學之研究。因其對於不顧社會事實上心理特性之方法、不顧社會事實不能衡量之方法，以及不顧社會事實必須聯絡之方法，皆能一一指出其謬誤而不致輕用之也。吾人依據上述討論，可得一部分實際之規則如下：

㈠歷史之為物，能使吾人瞭然於所有社會現象必須以觀察方法研究之，以求得其心理之基礎為止境；所謂心理之基礎即人群公有之意思及表象是也。因之吾人必先決定在人群各種不同之事情中，人類共同之意思與表象為何。再決定所有事情中，人類共同之意思與表象為何。其可用以描述與說明社會事實者，蓋即此種共同特性也。此外並須決定含有此種意思與表象之人群為何。所有社會之研究非自此種初步之考察入手不可。

㈡歷史之為物，能使吾人瞭然於一時代中各種不同社會習慣之並存，依據各種不同原則所組成之社群，及各群之互相牽制；同一個人所組成而又互相衝突之政治上、宗教上、語言上及經濟上之各種團體，及語言同、宗教同，而政府不同之民族。歷史對於團體及組成團體之個人均不能不加以注意。下述規則之應用於社會事實之編比，即為歷史所許者也：吾人必須確定此種現象究產生於何種社群，而各社群究由何種個人所組織。

是故吾人不必視人類社會所代表者為生物學上之組織而忘卻研究此種組織之成分；實則吾人對於集合名詞正宜加以切實之分析而發出下列諸問題：吾人所研究者為何種團體？此種團體以何種線索（政治的、經濟的、語言的）組織而成？其為單純之團體乎？抑為多群之混合體乎？如為多群之混合體，其屬群為何？吾人所研究之社會事實產生於何地及何時乎？

㈢歷史之為物，能使吾人瞭然於一個社會之中可有多種不同之事實，換言之，即多種不同之狀況與習慣也。歷史不能直許吾人預知一切事實以為研究之根據，亦不許吾人細繹其結構以為編比之預備。蓋唯有觀察現在方可使吾人認識社會之現象也。然歷史之完成此種直接研究蓋有二途：*1.*研究一個社會中所有各種之事實，使吾人不致忘卻某種事實範疇之存在，此蓋專家份內事也。*2.*研究各種不同之社會使之先知各種社會組織之不同。其實以一般問題應用於一切社會，乃習於以一般眼光觀察人類之史家應有之觀念。一旦為歷史需要而建設之，則此種方法即可移用於社會科學；吾人至是乃得一普遍之問題，所有可能之社會現象均一望可知，且可藉以為編比所有現象之根據。

㈣此種綜合計畫之利益，非專科學者所能瞭解。唯有史學進步之經驗足以詔示之。

現代史學上最大進步之一，即為瞭然於社會中決無獨立之事實；一個人或一個人群之行為與習慣均互相關聯，互相影響，而互為因果。吾人對於種種事實加以門類之分別，此蓋純屬抽象者也。就事實本真而論，社會中絕無所謂特殊經濟的、宗教的、科學的，或政治的之事實。各種人類與各種習慣常在互相牽制之中。此中關係有時稱為「綜合性」（Complexus），德國人則稱之曰「連帶性」（Zusammenhang）。

二、編比之方法——社會之一般狀況——主要社會現象表

此種社會事實互相影響之探討，實為歷史研究之一大目的。然社會科學之起源本已有其特殊之性質，故遂有流為專科研究之傾向，即以細究一種抽象之事實為限是也。科學之自然進程為分別研究各種活動所產生之社會現象，集同一類之現象於一特殊之範疇，並於同一範疇中之事實間探討其關係，而始終置他種事實於不顧。博言學家專究語言上之事實，經濟學家則專究經濟上之事實。然吾人之研究若僅以一種事實為限，則吾人仍無瞭解此種事實之望也；蓋此種事實本與他種事實有關，且亦因有他種事實而後方能存在也。是故無論何人，凡專事研究一種特殊之社會現象者，對於聯絡人類一切活動

之綜合性，不可不特加注意焉。

吾人須知社會事實與解剖學上之事實完全不同。社會事實之門類並非真相之一片一段，乃純屬一種抽象之辨別而已，蓋一人或數人之行為或狀況，通常以暗比得其名義者也。朱熹嘗曰：「今人見說仁義禮智為性之體，便疑實有此四塊物磊塊其間，皆是錯看了也。須知性之為體，不離此四者，而四者又非有形象方所可撮可摩也。但於渾然一理之中，識得箇意思情狀有界限，而實非有牆壁遮攔分別處也。」凡此所言，正可為吾人此處所述者之注腳。錯誤機會因有此種抽象之類別而益增。故吾人對於上述之一點，尤有注意之必要。吾人而欲瞭解此類之事實，須始終毋忘其為生在社會中個人之境遇、行為及狀況；並須明瞭其在社會各種事實渾淪中之位置為何。此實科學上一種公有原則之應用也，將事實分析以研究之，然後綜合以瞭解之。

下列問題即為所有社會公有之重要現象，其一般之範疇為何即此可以窺見其大綱矣。

㈠物質狀況。可分為二種：

1.人體——此為兩種研究之原料；人類學，各人種肉體性質之一般研究，人口學，普通人體現象及其數目比例之地方分配。

2.一般物質環境。可再分為：自然環境，即地理學之對象，及人為環境，即人類經營之結果（種植、建築、運輸用之道路等）。
㈡智慧習慣。其主要者為：
1.語言文字。
2.美術。
3.專門技術。
4.宗教。
5.道德與玄學。
6.科學。
㈢非強迫之物質習慣。
1.物質生活之習慣、營養、衣服與裝飾、身體之修飾、居處。
2.私人生活之習慣、時間之使用、禮節、娛樂。
3.經濟習慣、生產（農業、礦業、工業）、運輸、交換、分配、移轉及契約。
㈣社會制度。

1.產業制度及承繼制度。
2.家庭。
3.教育。
4.社會階級。
(五)公共制度。
1.政府人員之補充與組織（中央政府與特殊職務）；行政法規，政府行政之實際手續（中央及特務）。
2.教會之組織、補充、規則及實際。
3.地方政府之組織、規則及實際。
(六)自主社群間之關係。
1.國際關係人員之組織。
2.條約、規則、公共習慣之足以形成正式或實際之國際法者。

第十章　連續事實之編比法

一、社會之變動——變動與演化——社會演化與生物演化之不同

著作歷史最後之一步即為連續現象之編比，以期達到演化情形之描述。

何謂演化？演化之性質為何？吾人研究一類連續事實所得之初步觀念實為變動。在所有社會現象之秩序中，吾人或比較一國之全部組織，或比較一國中前後兩時代之組織，吾人每覺各種情狀並不前後相符。此種時代上之殊異，即變動也。然所有變動並不盡屬演化。如一種情狀自前一時代至後一時代而有所變動，迨至第三時代而又與第一時代同，此則僅屬一種擺動而已。如一類連續之情狀各不相同。唯其不同之處並無一定之規律；又如在一類同樣之情狀中，第五種與第一種較第三種更為相似，此則僅屬一種差異而已，非演化也。所謂演化必係一種專向一方未嘗間斷之變動。實則指今日情狀之漸

異於古者而名之曰演化，此種說法顯係一種暗比，將連續之現象視同鍊條，愈展則離其起點愈遠。

演化實為所有研究生物科學中之根本現象，而在歷史上其地位尤特為重要。歷史本係一種研究社會演化之科學，故演化問題在歷史上較在其他各種科學上尤為必須研究之問題。至於社會科學之研究每有忘卻演化之危險，蓋社會科學所研究之時期往往甚短，演化之跡不易感覺也。而且社會科學每欲向生物學假其演化之觀念；故社會學家往往應用生物學上之定律——如自然淘汰、生存競爭、最適者生存等——以解釋社會之演化。根普羅維支（**Gumplowicz**）及巴坦（**Patten**）二人之著作，即其流也。

一個社會或一種習慣之演化，其情形與一種動物之演化完全不同。所同者僅係一種繼續之變動而已。然就變動之進程而論，吾人先驗上實無物足以表明兩者之相似；而在事實上則吾人雖亦嘗隨意利用遺傳及淘汰等同樣之名詞，其實兩者亦相去甚遠；蓋社會現象與生物現象之性質根本不同也。在生物學中，所謂演化純係一種生理上之進程；所謂遺傳純係一種生理上之作用，父母以生理上之進程傳其生理上之氣質於其子女；所謂淘汰，亦純屬生理作用也。至於社會之實質則不然，其情形遠較複雜，一部分固屬諸生理，一部分則屬諸心理。社會上所謂遺傳，乃受法律限制之遺產也；所謂淘汰乃與性的本能絕不相干之揀選也。故此種演化之進程與生理上之進程，僅有一種暗比上之相同，而非實際上之真正相似，而且兩者所得之結果往往相反也。

二、變動之分析研究——各種步驟及考證上應注意之點

研究社會事實之演化，其道若何？吾人於此，可用所有科學研究中必要之格言以解決之：即必先分析而考訂之，然後綜合而瞭解之，是也。

吾人應將各種演化分析而研究之。

㈠吾人應將各種社會事實分門別類，然後分別研究各類事實之演化為何。此種工作之步驟有如下述：

第一步，為明定吾人所欲研究其演化之一類事實。此實一種抽象之談也：吾人嘗謂吾將研究某一類人類之行為或某一類物質之狀況，或各範疇中之比例，或一種習慣，或一種制度等。皆因吾人為研究上便利起見主觀之分別也，而非事實固有之真相也。吾人為不忘事實固有之性質起見，必須常常念及此種門類之分別純屬主觀抽象之說法。吾人

在研究進程中並不可隨意變更吾人所給與此種事實之名目也。

第二步，為決定吾人所欲研究演化現象之種類。此事屬何種？其範疇若何？吾人須注意有時吾人所研究之事類，既著手之後，每有另一名目相同之事類起而代之。如一類事實雖能始終維持其內涵而不變，然其範圍有時擴大，有時縮小，則吾人須常追隨其張弛情形而伸縮吾人之工作。例如吾人如果從事於研究宋、元兩朝時中國之演化者，對於宋之疆土之自北而蹙，與元之疆土之向西擴張，均不能不注意之，決不可視當時之中國為常在一定之領域中也。

第三步，為決定吾人所欲觀察演化時間之長短及年代上之時間。吾人僅欲研究某一時代兩端之情形乎？抑欲研究其中間經過之情形乎？同時並有下列一附帶之問題：即吾人所欲研究之演化已有充分之史料否乎？

㈡吾人既比較各時代各種不同之現象，因之得一演化之大概情形。吾人已知某期初之狀況與某期末之狀況之不同。然此種不同之點，吾人僅能以數目或敘述表示之而已，不能說明其演化之繼續情形為何也。

吾人於此，有一考證上應注意之事焉。某一期始終之兩端是否事實可資比較，而得一現象之大綱？此兩端所表示者，僅吾人所知之現象而已，非真實之現象也。吾人如欲加以比較，必須具有充分之知識。吾人研究民國元年及民國十年兩年中上海一處自殺或犯罪之數目，須知此種數目僅就此兩年中吾人所知者而言。比較所得之演化，亦僅屬吾人所知之犯罪與自殺而已。吾人須再進一步而研究實在自殺與犯罪之真正數目及真正演化為何。吾人今日明知所謂百年一次之統計數目與百年一次之實在數目，其相差極遠；而且在內政不修之國家，此種表裏不符之統計亦往往較政治修明之國家為多。例如我國統計之不可恃當然較甚於美國。如吾人見一表裏格外不符調查較不精密之百年統計，吾人其可斷言此種演化之日漸擴大或日漸縮小乎？是故吾人欲從事於比較，必根據價值相同之資料而後可。此種必須注意之點，當然由歷史研究中得來，蓋歷史上材料數量之多寡及其價值之高低最為不等，吾人偶不經意，即將產出荒謬之結果以貽笑於方家也。

三、演化之比較——統計方法——心理方法——演化之歷史進程——習慣之變動——個人之更替——科學結論之條件

吾人既將社會演化分門別類而考證之，乃不得不再綜合以瞭解之。

普通社會科學之方法多用統計上之比較：吾人已盡力以建設之矣。所有現象既皆可用數目表出之，則演化情形當然可以算數表代表之，或以曲線圖代表之。吾人對於此種算數表與曲線圖當然加以比較，以便明瞭其間是否有繼續不斷之關係。如果並無關係，吾人即可斷言此種事實必係某種獨立原因之產品。如果各種曲線同時殊異，吾人即可斷言此種演化間必有相當直接或間接之因果關係。然欲以此種方法辨別因果關係之為直接或間接，殊不可能。當吾人比較犯罪與教育之曲線時，或比較物價之異同與罷工之次數時，或比較婚姻之數目與麵包之價格時，即係如此。而且僅僅考察數目所得之關係觀念，亦未為足也；蓋此係一種由心理想像而來之假說，藉數目以證明之者也。蓋在社會現象中，吾人雖祇有藉統計方法以獲得物質狀況、人類行為及各種產品等事實；然此種行為及產品僅屬內心現象之結果而已；至於物質狀況充其量皆屬消極之範圍。凡一種社會現象之產生，必有其各種必要之條件。然僅具此種條件，尚不足以產生社會現象也，其間必常有人類之存在方可。

產生社會現象之直接原因，亦即所謂決定社會事實之條件，皆屬內部之狀況，即所謂動機者是也。此非統計方法所能為力者也。是故吾人果欲說明所有社會事實之演化，非直溯心理之原因不可，而此種心理現象決非統計方法所能研究也。

是故演化之最後說明，不能不求援於心理方法，此即歷史方法也。當一種社會事實之量數或形式忽起一種變動，則此種演化之外部條件上或人類內心狀況上必有一種變動為其原因。故吾人須問：在人類行為之動機中或在此種動機之外部條件中，有無變化？吾人如欲解答此種問題，非將各種可能之變動均分別加以精密之研究不可。

吾人果欲解答上述之問題，只須將研究並時現象之問題加以複習，且檢閱所有變動之大範疇即可矣：人種也、環境也、理智習慣也、物質習慣也、經濟習慣也、社會制度也、政治制度也，凡此皆足為一種變動之原因。吾人只須辨明何種變動足以影響某一種之演化。

吾人於此絕不可以為各種社會現象之演化真與有機體無二也。吾人通常所用「文字之生命」、「文體之演化」、「信仰、法律、或制度之演化」等語，實係一種危險之暗比。所謂一種文字、一種美術作品、一種信仰或一種制度，皆不過抽象之物而已，抽象之物決無演化，演化者唯有生物而已。歷史上敘述抽象之物之演化——如教會、如王室、如財政、如哲理等——極其危險。吾人固未嘗不可用抽象文字以求敘述之簡括；然吾人果欲瞭解事實之真相，則非將幻象與真相之涇渭分明不可；並須追求原因以達於真相。所謂真相，即人類是也。

吾人利用問題法以研究社會之演化，吾人每能發現產生演化之動機之變動情形。此種人類動機之變動，驟視之每覺廣泛而模糊。例如吾人大體可以見到近年吾國青年因受自由戀愛學說之影響，離婚之風氣遂至較昔為盛是也。

然吾人須視此種集合之動機為個人動機之總和，方能瞭解集合動機之真相。吾人先想像何者為人類演化之開端，何者為人類演化之結局；於是再自問人類中或其環境上有無某種變動足以引起此類之演化。

社會變動之途徑有二，須加辨明：

㈠人類實際上變更其行為之方法或行動之規則，此或因觀念變動而出於自願，或因受物質環境限制之所致，或因受政府或其上屬意思之逼迫而不得不然。

㈡某時代開始時之人皆已去世，他人（無論其後裔或外人）起而代之，其行為方法因動機或習慣之不同，與前者迥異。

人類生命之得以維持，在於世代之繼續罔替。此為歷史上之根本現象；殆亦為社會演化之主要原因。團體如教會公司及行政機關等之演化即由此而生。團體名目依然如舊，而其中分子則常有新陳代謝之觀。吾人稍不經心，即將為此種名義所誤，而視為一種有機之演化。人類之社群亦然，吾人欲明白其演化情形，必注意人類世系之新陳代謝。史家對於此種現象已知注意及之；而社會科學家對之則往往忽略不顧。蓋此輩所研究之演化時期較為短促，故人類新陳代謝之跡不甚顯著，固無怪其疏漏矣。

用心理之變動以解釋演化之情形，在統計方法上有明白易曉之利益，然此種解釋仍屬一種假說而已。社會變動之原因或可藉此求得之，然吾人不得遂謂此外別無他種原因之存在。如欲得一科學之結論，吾人不能不應用一種方法焉，即將各種演化集於一處而比較之是也。此種方法實為史家所不常用，而社會科學家所不慎用者也。

然若僅將各獨立社群中之某一種現象合而較之，仍未為足也。吾人在比較言語學、比較神話學、比較法律學上之工作；以及比較中國人與希臘人、羅馬人與日耳曼人，某一種神話或某一種法規之演化，即屬此類。此種抽象之比較，初不能予吾人以變動之原因，僅能助吾人明瞭各種事實之性質而已。吾人所當注意者本係社會之全部，故應從比較幾個社會全部之演化入手。必如此而後吾人方能瞭然何種現象在某幾種演化中缺普遍之性？何種現象在某幾演化中有一致之觀？某幾種現象永遠分離？某幾種現象時合時分？分析各種現象之方法，唯賴實驗。今既不能實驗，則唯有比較全部之一法以斷定何種現象為大體相連？何種現象為各自獨立。然此種工作非單用一種社會科學方法或一種歷史方法所能進行；蓋前者對於社會之觀察為期甚短，後者對於社會之觀察又嫌不精也。故必合兩種方法而同時用之方可。夫而後研究人類社會及其變動之科學，方有建設成功之望焉。

下編　社會史研究法

第十一章　歷史之種類

一、中國史學之發展──編年史──紀傳體──紀事本末──浙東史學之世系支派

吾國史學之發展大抵可分為三個時期：第一期自孔子作春秋以迄荀悅述漢記，前後凡七百餘年，實為吾國史學上兩種主要體裁──編年與紀傳──由創造而達於成熟之時代。荀悅而後以迄於北宋末年，其間約千年，吾國史家除繼續發揮編年與紀傳二體外，頗能致力於通史之編纂，然所謂通史乃史記式之通史，非吾人今日之通史也，故此期可稱為舊式通史之發揮時代。南宋之世，實吾國學術融會貫通之一大時期。自古以來，儒、釋、道三大宗門之思想至是皆始成系統，而儒家一派獨演化而成所謂浙東之史學以迄於現代。故此一期實為吾國史學形成派別並大有進步之時代。茲請略述三期史學演化之經過。

吾國純粹史籍之留存至今者，當以孔子所作之春秋為最古。以事繫日，以日繫時，實為中西史籍最初之雛形，而編年一體遂成吾國史籍中開山之形式。孔子之後再過五百年而有司馬遷之史記。史記一書仿春秋而為本紀，仿左傳而為列傳，此外別創八書以記載天文、地理及其他各種制度。其義例之精與取材之當，實為古今中外史籍之冠。自司馬遷創紀傳體之歷史而後，不特吾國之所謂正史永奉此體為正宗，即吾國其他各種史裁，如方志、傳記、史表等，亦莫不脫胎於史記。司馬遷之得以千古不朽，誠非無因。此後班固仿紀傳體而作漢書，荀悅仿春秋左傳而作漢紀，雖對於司馬遷與孔子所創之紀傳、編年兩體略有變通，為世人所稱道；然就大體而論，究覺因襲之處多而創作之處少。其他作者類皆陳陳相因，別無新見。唯編年與紀傳之二體則已日臻成熟之境矣。此為吾國史學演化經過之第一期。

自荀悅而後以迄北宋之世，吾國史家一面繼續發揮編年與紀傳二體，一面頗能努力於通史之編纂。言其著者則有梁武帝之通史、司馬光之通鑑、鄭樵之通志以及袁樞之紀事本末。凡此諸作之宗旨莫不在於貫通古今。然吾人試一考其內容，則通史與通志之作，意在推翻班固之斷代而恢復史記之規模，司馬光之意則大體仿自荀悅，實欲融會紀傳體而反諸編年以規復左氏春秋之舊。故今存之通鑑與通志雖不失為吾國史學上之名著，然大體仍未能脫春秋與史記之成規，與現代西洋學者所主張之綜合史相去仍甚遠也。唯此期中有劉知幾之史通，及袁樞之紀事本末兩書：前者對於吾國自古以來之編年與紀傳兩體下一詳盡周密之批評，隱為吾國舊式之史學樹一完美之圭臬；後者依據通鑑，別輯成書，因事命篇，首尾完具，其所得結果無意中與現代新史學上所謂主題研究法不約而同，實為吾國史籍中最得通意之著作。然就大體言，此第二期史學之演化，仍屬舊式通史之發揮，初無新法之創見也。

吾國學術思想至北宋末造經一番融貫之後，大起變化。儒、釋、道三家思想至此皆面目為之一新，各成為極有條理之派別。釋家思想經儒家之陶冶成為陸王一派之心學，道家思想經儒家之陶冶成為朱子一派之道學，而儒家本身則因程頤主張多識前言往行以蓄其德之故，蔚成浙東之史學。故吾國學術至南宋而後成為三大宗門，吾國史學亦至南宋而後始獨樹一幟，南宋之世，實吾國文化史上最燦爛之時期也。

吾國南宋以前之史家雖亦不一而足，然史學之發展不成系統，具如上述；而且經、史、文三種學術往往混而不分。或輕史重文，成喧賓奪主之勢；或以經駕史，抱褒貶垂訓之觀。故學者之於史學或視同經學之附庸，或作為文學之別子。史學本身幾無獨立之地位焉。自南宋以後，浙東史學大興，當時道學家至詬浙學為知有史遷而不知有孔子，其盛極一時之情形，即此可見。

初闢浙東史學之蠶叢者，實以程頤為先導。程氏學說本以無妄與懷疑為主，此與史學之根本原理最為相近。加以程氏教人多讀古書，多識前言往行，並實行所知，此實由經入史之樞紐。傳其學者多為浙東人。故程氏雖非浙人，而浙學實淵源於程氏。浙東人之傳程學者有永嘉之周行已、鄭伯熊，及金華之呂祖謙、陳亮等，實創浙東永嘉、金華兩派之史學，即朱熹所目為「功利之學」者也。金華一派又由呂祖儉傳入寧波而有王應麟、胡三省等史家之輩出，金華本支則曾因由史入文，現中衰之象，至明初宋濂、王禕、方孝孺諸人出，一時乃為之復振。唯浙學之初興也，蓋由經入史，及其衰也，又往往由史入文。故浙東史學自南宋以至明初，即因經、史、文之轉變而日就衰落。此為浙東史學發展之第一個時期。

迨明代末年，浙東紹興又有劉宗周其人者出，「左袒非朱，右袒非陸」，其學說一以慎獨為宗，實遠紹程氏之無妄，遂開浙東史學中興之新局。故劉宗周在吾國史學史上之地位實與程頤同為由經入史之開山。其門人黃宗羲承其衣缽而加以發揮，遂蔚成清代寧波萬斯同、全祖望及紹興邵廷采、章學誠等之兩大史學系；前者有學術史之創作，後者有新通史之主張，其態度之謹嚴與立論之精當，方之現代西洋新史學家之識解，實足競爽。此為浙東史學發展之第二個時期。

唯浙東史學第一期之初盛也，其途徑乃由經而史；及其衰也，乃由史而文。第二期演化之經過亦復如是，今人之以文學眼光估計全氏之宋元學案及章氏之文史通義者，不一其人，即其明證。此殆因吾國史籍過於繁重，科學方法又未盛行，遂致研究歷史者或陳陳相因不能有所發明，或避重就輕退而專意於文學。浙東史學之盛極難繼，蓋非偶然矣。

二、西洋史學之發展——上古時代之歷史、中古時代之歷史、文藝復興時代之歷史——專史與通史——專史之產生——世界史——全史

西洋歷史之學創自希臘人，然希臘文中，歷史一詞之宜為證據，其義甚泛，與後世名史修昔狄第斯（Thucydides）及波利比烏斯（Polybius）諸人所造成之歷史不同。根本上

歷史之為物，乃饒有興趣之人類事實之值得敘述者。因有此種廣泛之觀念，故在事實之選擇上於範圍廣狹、事實種類兩方面，均產生一種極端之差異。觀察之範圍推廣甚速，初自希臘城邦之狹小範圍直至今日歷史觀念擴充至所有人類知識之領域，先後不過二千五、六百年耳。故自波利比烏斯以來即有世界史——此當然指當時西洋人已知之文明世界而言——之出現。此種歷史之世界概念由西元後四世紀之教會著作家，如聖耶羅默、聖奧古斯丁輩傳至日耳曼蠻族入侵後數百年間編年史家；再自阿波卡利普西斯（Apocalypse）得到一種劃分歷史之標準，即君主之承繼是也。此種概念自此貫徹中古時代之全期，直至波蘇哀著述世界史論（Bossuet: *Discours sur l'historire universelle*）為止。

至於充歷史材料之事實種類，古人依違於二種方法之間：

㈠始終選擇有裨於實際知識之事實，此係修昔狄第斯之概念，而波利比烏斯實完成其方式。史家往往一意蒐集足以教訓政治家或軍事家之資料，其結果為軍事史與外交史。此類歷史至今在史籍中尚占重要之位置，即吾國所謂垂訓主義之歷史者是也。

㈡凡筆述或口傳之傳說不加別擇概予蒐羅；此即大事紀之體裁，源出希臘，而大成於羅馬。歷史家對於一切事實無不兼收而並蓄之，包括異事奇聞、水災等（在第杜斯、利凡 Titus, Livy 著作中及塔西陀 Tacitus 之大事記中，均留有痕跡），即吾國所謂博聞實錄之歷史者是也。

繼垂訓主義及博聞實錄而起者，為文學之成見。史學每欲於此求其發表議論（如第杜斯及利凡）及抨擊他人（如塔西陀）之機會。歷史至是遂成為一種混合之敘述，蓋合實際事物之教訓與一種閎辯之方法而為一，即吾國所謂夾敘夾議之歷史者是也。此種體裁，初則由中古時代之編年史家模仿之，繼又由文藝復興時代之史家及其後起者發揮而光大之。直至十八世紀時，歐洲人之歷史概念此外尚無他種之進步。總之，西洋十七世紀時之史家，就其科學態度而論，固無一人能超軼古代之史家也。

歷史成為一種科學之研究，乃由另一方面而來。自博學之道興，學者始習於古代書籍之研究，並敘述各種性質不同之事實以評定古書之優劣，此即德國人所稱為「實學」者也。學者自此專心蒐集關於中古時代習慣、制度、語言、文學之史料及事實，專著及類纂因此出世；間亦具有實用、司法或神學之性質。循至後來，有系統之研究卒自此種混亂廣大之運動——此種運動之關於羅馬法者，實始於十六世紀以前——中脫穎而出。西洋學者對於此種研究或稱之為古物學，或稱之為考古學，廣泛模糊，歷時蓋甚久也。

此與吾國清代所謂「樸學」者，頗為相似。

日久之後，西洋學者漸以一種歷史研究法研究以往之事實，並依年代次序而編比之，此在德國各大學中最為風行。於是西洋始有各種特殊之歷史，如文字史、語言史、教會史、宗教史、法律史、文學史、建築史、雕刻史、制度史、風俗史等。此種專史本為全史之必要部分；唯各成自主之一支，各有其專門之作家及特殊之傳統習慣。史家之注意此類事實者既寡，故此種專史之創造多非史家之功。此種專史往往自取獨立科學之態度。蓋歷史上特殊事實之為數極多，吾人欲視同普通歷史研究之，實際上已不可能也。而專史遂亦不能不依年代與地域而劃成範圍，以國家與時代為界限；每一種專史更分段落。是故吾人既有宗教史、法律史、文學史，同時又有埃及史、亞述史、希臘史、羅馬史、法國史、英國史，並有中古史、近世史、現代史也。

歷史之分支既多，通史之範圍當然因之而縮小。舊日概念所視為服務公家可資借鑑，而且在歷史中占有最大地位之各類事實至是皆變為專史之原料，如外交史、軍事史、憲法史是也。此類事實至今仍保有此種特性或至少保有此種要求，而仍繼續為官吏、外交家與政治家之實際教訓也。

此後西洋人之通史概念又逢一種勁敵而經過一種危機。此即世界史之概念是也。所謂世界史，蓋指包括古今所有民族之歷史而言，此種概念本發生於古代。自西洋古代人所不知之地如中國、日本、印度、美洲等，加入歐洲人之知識中後，世界概念在十八世紀時遂大形擴充。法國福祿特爾之風俗論（Voltaire: *Essai sur les Moeurs*）即為含有此種概念之著作，其後此種概念傳諸德國之什羅色（Schlosser）；並由什羅色傳諸德國海特爾堡派（Heidelberg）之史家，而韋白之世界史（Weber: *Weltgeschichte*）即淵源此派而來。世界史之範圍既日形廣大，故至十九世紀後半期遂為西洋學者所擯棄。此輩以為世界史所根據之觀念在於假定人類演化有全體一致之觀，其實並不如此；故此種歷史實違反科學真諦。此輩乃易以較有限制而仍屬廣泛之名稱，在德國謂之「全史」（Allgemeine Geschichte），而以敘述地中海及大西洋沿岸一帶之西洋文明民族史蹟為範圍，有時並附以遠東民族史。然此種名稱之意義仍屬廣泛異常也。

一套之專史，如風俗、美術、制度等之歷史，無論其內容如何完備，決不足以使吾人瞭解社會之演化或世界之歷史也。蓋其所述者僅一種連續抽象之描寫而已，而在所有此種抽象現象中本有其具體之連鎖。此種現象或皆產生於同一人群之中，或皆為同一人群之產品。而此種人群又往往有其某種共通之偉業，如遷徙、戰爭、革命、發現等，為各種現象特殊之共通原因。例如吾人試究吾國魏晉六朝之文學，將見自東晉直至隋朝四百年間，所謂南朝之文學，大體承吳語文學之後繼續發展而成為南方新民族文學。至於北方則自晉分東西以後，直至北魏分裂滅亡時止，先之以文學之衰替，繼之以文學之中興，終至產出一種尚武好勇之新文學。文學之變化如此，不可謂之不繁矣，然吾人迄不能就文學史本身求其所以演化之原因也。此種演化本身極難瞭解。吾人如欲瞭解所有此種文學上之特殊變遷，將非求援於通史不可。蓋唯有通史方述及東晉偏安之後，中國文化實保存於東南之一隅，而北方則先有五胡十六國之大亂，繼之以北方蠻族之華化，而終於北魏之完全屈服於吾國文化之下。是故所謂通史，實即共通之歷史。吾人於此可知所有專史之編著雖完備異常，而在吾人之歷史知識中，始終留有不可或缺之部分，此不可或缺之部分非他，即吾人所謂通史者是也。其特性在於描寫具體之真相，敘述社會人群之行為與偉業。故通史之為物，無異一切專史之連鎖；通史中之事實，無異專史中事實之配景。實際上，此種共通事象之足以聯絡或駕馭人類之特殊活動者，皆屬影響及於大眾及足以變更一般狀況之事實。因侵略、移徙或殖民而起之民族移動也，人口中心之創設也，人群一般制度（如國家教會等）之創造或變更也，皆其類也。政治史之重要以及通史中政治史占地位之特大，其故蓋皆在此。

三、歷史與社會科學之關係——社會科學因其為史料科學，故應用歷史之考訂——社會科學中研究過去之必要——社會史之分類

社會科學與歷史究有何種關係乎？社會科學與所有其他科學同，先求事實之確定而後綜合之。

吾人已曾述及當決定社會科學所憑藉之事實時，歷史研究法所占之地位為何。此種事實之獲得，其方法有三：

㈠直接觀察現代之事實。

㈡研究與現代事實有關之史料，此種現代事實因實際上之困難，吾人無暇或無法可以觀察者。

㈢研究與過去事實有關之史料，此種過去事實吾人已不能再施以觀察者。

假使社會科學所用之方法純屬觀察，則社會科學當然不必再向歷史研究法求援矣。

然欲用此種方法以蒐羅一種社會研究上必須之事實，終嫌不足。是故甚至吾人欲瞭解現代之事實，亦往往不能不求援於史料，而研究史料則又非用歷史研究法不為功也。

歷史研究法與直接觀察之科學研究法之不同，純在史料與觀察報告兩種價值之不同。觀察報告者根據直接觀察用一種謹嚴方法編述而成者也；史料者，一種絕無方法之觀察報告也。是故吾人對於觀察報告可以不必再施他種方法而利用之，因撰人已施以相當之方法也；而史料之利用則非先事彌補撰人所缺之方法不可。此種彌補之功夫即考訂是也。凡具有歷史性質之科學，對於考訂之功均不能或缺，蓋因其皆有賴乎史料，而為史料之科學也。

社會科學所用之消息，其編述之際，既皆未嘗施以謹嚴之方法，故社會科學亦為史料科學之流亞。因之吾人不能不施以初步之考訂功夫，而適用研究歷史之方法。吾人固亦可希望將來必有一日焉，所有社會事實之觀察與統計，學者均能施以一種正當一致之方法，如自然科學中之化學、物理然；吾人可以無賴乎史料，而根據科學上之報告；歷史研究法至是可以置之而不用。然吾人今日距離此種境狀實現之時，為期正復甚遠。如此種境狀一時未能實現，而吾人仍不能不利用殘缺之史料者，則歷史研究法即未嘗一日可廢也。

一旦事實蒐集以後，科學上之第二步工作即為綜合之編比。吾人儘可將現代觀察所得之事實編比成章而不受歷史知識之干涉。然吾人須知實際上欲構成一種社會現象之科學，僅知其現在之狀況，究不完備。吾人固可存在現在時間中研究物理上或化學上之現象，蓋吾人所研究之種種關係本無分乎古今也。然即就生物現象而論，吾人如不明瞭其過去之演化，即不能完全瞭解其真相。人類之社會亦然，吾人至少須追溯其若干年之過去，而後可以瞭解其現狀，蓋所有社會之現象，或屬狀況，或屬習慣，或屬風俗；吾人欲完全瞭解之，非追溯此種狀況、習慣、風俗等成立之情形不可也。此外，吾人對於各種不同之社會中一切形式不同之現象，亦不能不加以比較之功夫；故在所有社會科學中，總不免含有一部分之歷史也。

實際上，社會現象之研究往往隨有一種歷史之研究，而取敘論之體裁。例如吾國之類書及西洋政治、經濟等辭典一類社會科學之類纂中，即往往包含有歷史之條目，敘述主要風俗習慣及政治制度或經濟制度之演化，有時並追溯至上古時代焉。

普通意義中之歷史，即過去事實之研究，在社會科學中亦有其相當之位置。此種歷史顯然唯有用歷史研究法方可構成。本書第二編之題旨即為討論社會史上歷史研究法之應用。吾人將於此研究此種歷史上特殊之困難；並求其編著之道如何？注意之點為何？及有何罅隙之存在。吾人並將探討此種歷史與其他各種歷史之關係，以便明瞭狹義社會事實之演化對於他種人類歷史事實之演化，其相互之關係為何。

狹義之社會史僅係各種社會歷史之一部分。吾人前曾列過一各種主要人類現象之全表。茲再列一歷史各支之簡表如下：

㈠物質狀況——人類學、人口學——自然及人為環境之研究、自然及經濟地理（人類地理學）。

㈡理智習慣——語文文字、美術、哲學及道德、經濟原理、宗教信仰及實際。

㈢物質習慣——私人生活。

㈣經濟習慣——農產、運輸及工業、商業、物品之分配。

㈤社會制度——家庭、財產及承繼之組織、教育及教學、社會階級。

㈥公共制度——政治制度、教會制度及國際制度。

社會史包括第四類之全部（經濟習慣）、第一類之一部分（人口學）及第二類之一部分（經濟原理）。至於第三、第五、第六等三類，則祇因其與社會史有互相之影響，故亦有相互聯絡之關係焉。

第十二章　社會史之現狀

一、各種歷史現狀之比較——專著——特種綱要與普通綱要——社會史之落後

經濟事實與人口事實之歷史，為所有專史中最無進步之一支，蓋其事實已無從研究也。試將社會史之現狀與其他各種歷史著作比較，無論其體裁或為專篇，或為類別史，或為綱要，吾人所得之結果總屬相同：即社會史為最無進步之歷史是也。

就專著而論，吾人唯有展開書目方可明白其實情。然吾人試展閱西洋各國之書目：德國之淮茲（Waitz）、法國之摩諾（Monod）、英國之格羅斯（Gross）、比利時之比郎納（Pirenne）、美國之昌寧（Channing）與赫德（Hart），即覺關於社會事實著作之無多，而且大部分皆係新近之著作。至於吾國，更無論矣。

當吾人既有相當可用之專著，足為吾人綜合成書之資，則歷史著作所取之體裁通常

必屬一時代、一地方或一類事實之類別史，例如文學史或某一時代、某一地方之制度史是。然吾人試瀏覽足為歷史對象之各類事實，即知現在西洋所有歷史之支派（絕對無材料可據者除外）莫不在十九世紀之中葉同出於一源。吾人有人種之歷史（人類學）；世界地理之描寫（自然環境及人為環境）；語言之歷史（最進步之一支）；美術、文學、科學、哲學、宗教之歷史；營養、服制、建築、動產、習慣之歷史；私人制度之歷史（法律史）；政治、教會、國際制度之歷史。吾人並亦有各地方及各時代之別史：埃及也、希臘也、羅馬也、歐洲民族也、美國也、上古也、中古地、近世也，莫不有人加以特殊之研究。是以現在史學界可謂已不復有未曾探險區域之存在。其間雖不免有編著不善之歷史，應加重訂工夫，然就歷史種類而論，其間殆已無未完成之罅漏矣。（有一支歷史應除外，即實際道德或人類實際行為之歷史是也。蓋吾人如始終不能明瞭行為與習慣——包括經濟生活在內——之渾淪，則此問題即無法解決也。）至於通史本為所有類別史中主要之體裁，則關於所有歐洲國家與自古至今各時代之國別史與斷代史，已無不具備矣。

社會事實之歷史最無進步。人口之歷史，試作者幾尚無其人，而且所有材料亦以臆度所得者為多。最簡單現象之統計史，如物價史，在英國有杜克（Tooke）之綱要，繼有羅哲斯（Thorold Rogers）之著作，在法國曾有模仿之人而未得其法；然凡此諸作均不過一種無方法、無考訂之嘗試而已。

西洋經濟事實之歷史，其開山較所有其他歷史為遲，而其進步亦最少。吾人至今迄無各國之農業史。德國之農業史係新近之著作；至於伊那瑪什泰倫內格（Inama-Sterne-gg）之著作離成功尚遠，雖遠勝前此之嘗試，然終未能達到正確無疑之域也。工業史尚在專著時代（唯英國因有肯寧漢（Cunningham）著作，可為例外；然亦僅有現代部分有歷史價值也）。運輸史尚在支離破碎之域中，與商業史無異。商業與信用之歷史亦尚未完備。所有關於此部分之歷史，僅有特殊制度之專著代表之，如鐵路、財政、商約等是也。

足為法律史材料之私人制度中，其較著者為地產、家庭及承繼。而進步最少之部分適為與社會科學有關之部分，即社會階級之組織是也。至於財政制度為經濟現象中之最顯著者，則又為政治制度之一部分也。

是故其他各種歷史均已進於類別史之域，如果編比有方，即可成為完備之全史，而社會史則至今幾尚在專著之時期中。

凡此諸種歷史之落後，尚有一事焉須論列及之，即其在綱要一類著作中，占有何種地位是也。就其體裁而論可得三端：

㈠通史或世界史之綱要所研究者，一般公共之現象也；所說明者，特殊現象之演化也。吾人每先述政治上之事實及人口之變動。經濟現象對於社會之演化有一種普遍之影響，殆無可疑；是則宜為通史上重要之一部分矣。而在實際上則在通史中，如格羅德、克西烏斯、蒲索爾特、邁爾、杜雷等（Grothe, Curtius, Busolt, Meyer, Duruy）諸人之著作，及在哥塔（Gotha）所集之歷史中與翁根（Oncken）之通史中（*Allgemeine Geschichte*），幾皆未嘗提及之。間亦有予以數章之地位者，如拉未斯與郎保（Lavisse et Rambaud）二人合著之通史（*Histoire Generale*），有純關法國之經濟史。英國之新鉅著中，如劍橋大學之現代史（*Modern History*）與牛津大學之英國政治史，皆有小部分之敘述也。

㈡類別史之特殊綱要對於某數種歷史早已有之，如宗教史、神學史、科學史、私法史、文學史、公法史等是。而經濟現象之歷史則至今尚未有也。至如德國政治學字典（*Handwörterbuch der Staatwissenschaften*）係一種眾手協力之作品，然吾人試一查其所附之書目，則雖在第二次訂正本中，關於歷史之條目尚屬一種專著境狀中之研究；其間並無綱領足為吾人組織此等專著之根據。蓋僅屬一種孤立之條文，依字母次比成章而已。

㈢斷代史之普通綱要為歷史著作努力中，最有成績之一體。吾人已有關於古代者。德國所謂古物考（*Alterthumer*）即其一例。此中最完備者當推墨拉（Iwan Müller）主編之類纂。以保羅（Paul）與格羅貝爾（Gröber）之大綱（*Grun-driss*）為開端，而述中古之時代，並附日耳曼與羅馬系之文學史。吾人試注意此種綱要中經濟事實與他種歷史之比例，即可見經濟事實所占之位置為何。在墨拉九卷著作之中，此種事實成私家古物（*Privataltherthümer*）一段中之一小部分，在大綱中所占之地位尤小。即此可見，西洋史家之研究尚未深入社會史中也。

吾人並可在定期書目中見其相仿之不平均。試翻閱法國郎格羅亞之歷史書目提要（*Manuel de Bibliographie historique*），或德國一八九三年以來出版之文學與政治學史雜誌（*Zeitschrift für Literatur und Geschichte der Staatswissen-schaft*），即可見一般矣。

此種情形為西洋社會史發展遲緩原因之一。直至十九世紀後半期，方有一群經濟史專家之出現。（此種類別史既與他種歷史同由專家研究之，故其進步也甚速，在德國尤然）。然西洋社會史進步遲緩之情形，亦有來自此種歷史之種種特殊困難者：或源於社會事實之性質，或源於社會史料之性質，或源於此種事實必要知識之程度，或源於社會事實演化之形式等，皆在其列者也。

二、進步遲緩原因之源於事實性質者——事實之外部性質——史料之主觀性質——事實主觀部分獲得之較易——各種原理之歷史

社會史上之事實因其性質特殊之故，較其他各種歷史上大部分事實之獲得為困難。除經濟原理外，此種事實皆具有外部事實之性質。以統計（人口誌）所得之一切事實皆屬物質事實。所有經濟事實皆屬物質行為與物質習慣：如種植之方法、工業之技術、工作之組織、運輸，以及商業與買賣、投機及信用等之作用等。所有此種作用之主觀部分均變成表象與動機；然吾人不能不知其結果，即外部行為是也。是故所謂社會史實即有形物質事實之歷史，而且具有物質結果者也。

此種情形，驟視之似足以擔保社會史之真確；因其所研究者乃真正之事實也，非主觀之想像也。法國孔德（Auguste Comte）之錯覺，即源於此；彼誤以社會學為一種實驗之科學以之與主觀想像之心理學相對，並直接自客觀之生理學躍過心理學而達於客觀之社會學。因之所謂社會史者，每以孔德之研究方法解釋之。殊不知孔德之方法固始終未

嘗運用實際之史料，而其對於史料與社會事實所必具之心理特質，亦始終不加注意者也。

吾人固知世間有過去紀念品之遺留至今及古物之保存不朽，足為客觀研究之資料。凡此或係真正之遺物，如人骨或工具等，古生物學及前史人類學即藉此而成立者也；又或屬建築物，足以供給建築史之資料；又或屬其他各種之古物，如珠玉、武器、衣服、石器、美術品、雕像、圖畫、器皿以及器具等皆是也。然此種物品除技術史外，在社會科學中並無相當之地位。實際上，吾人研究社會史幾純用含有主觀性質之各種史料，或係寓意（如圖案與表象），或屬筆傳，所不同者僅傳寫之進程而已。蓋二者皆係撰人給予外部事物之解釋；所謂史料，僅係一種撰人心靈作用——即主觀作用——之結果而已。

所有史料既皆具有此種主觀之性質，此不特在研究方法上發生重大之影響，而且亦足以說明吾人欲求社會史真確之困難。吾人最初自史料中得來者為撰人之概念，即其心靈活動所成之意象也。吾人唯有根據此種觀念應用推理能力，然後可以斷定撰人所知之外部真相為何。無論如何，吾人衹能迂迴間接以達吾人之目的，而且中途錯誤之機會甚多；蓋推理作用之根據本極危險而無定者也。

歷史知識中之最不易流於錯誤者，厥唯直接得來之知識，而此直接得來之知識，非事實本身也，乃事實概念也。吾人以一種單獨史料所能建設之知識唯此而已。吾人欲證明一個字、一種文章、一種主義、一種美術、一種哲學或科學理論、一種法律規則等之存在，有一種書本之參考已足。如撰人將此種概念之一引入其史料之中，則存在其心靈中者即係此種概念；唯此足證概念之存在。是則心理事實之歷史為最易建設之歷史，蓋因其最無需乎史料之比較也；亦為最確定之歷史，蓋因其最無需乎推理作用之運用也。語言、文學、宗教、美術、哲學及法律等之歷史所以較其他為易於編著，其理由蓋即在此。至於研究外部事實之歷史往往不能不討論史料之價值如何，及撰人之誠偽如何。且誣妄與謬誤均屬世間常事，非加比較工夫，無法定其價值；吾人固不能單憑孤證，遽下斷語。故此種歷史之編著，實最為困難之工作也。

外部事實之建設不盡困難。因其所包括者，大部分係直接觀察心理事實所得之概念，故建設尤易。然政治事實之外部歷史，其大部分即係如此。公家規則（所有制度史之全部，幾皆藉此構成）之研究，其性質與法律之研究同；如能網羅政治程式、法律、規則、判書等習見之物即為已足。實際行為之隱於公眾宣言之下，正如法律上實際執行之隱於司法形式之下；吾人對於上古時代所抱之概念與規則實較政治行為為多。究竟希臘市場、羅馬市場及羅馬參議院中實際之經過如何？吾人已不能知之。吾人所知者至多僅意想中諸地之經過而已。至於封建時代的法院情形，吾人亦未嘗知之也。凡此諸事，吾人所得者僅其形式而已。關於形式之知識固亦有其價值，然吾人如欲瞭解一般之歷史，則非深悉實際之行為不可也、其他如征伐也、戰爭也、叛亂也、虐殺也，皆足以改變生活之實際狀況者也。然此種行為之性質，其足以觸動吾人之想像較他種尤甚，故其留存撰人心靈中及史料中之痕跡，必較彼繼續不斷、單調無味之經濟生活上事實為多。是則就社會事實之客觀性質而論，社會史之編著遠較心理事實之歷史為不易確定也。

是故在所有社會科學中，其易於編比而且較有把握者，莫如心理之部分，即經濟或社會原理之歷史也；蓋其為物，無異科學史或哲學史之一片段。社會科學專家所以自願縮小其範圍，其理由蓋即在此。每當一種社會變化發生時，通常必先以社會原理之研究為其主題而不願研究社會現象之歷史。此種避重就輕之傾向，蓋與所有用歷史方法研究之知識，其進行之常態相符。然當所謂專家移其研究與教訓以向諸原理而不向諸外部事實時，其為無遠慮也，蓋與一種歷史之無甚進步也同。

三、進步遲緩原因之源於史料種類者——著作之史料、保存之史料、出版之史料——記事史料、文學史料、教育史料、實用史料之選擇

社會史之第二種困難，源於史料之性質與史料出版之性質，後者之關係尤大，因手抄史料之用途已不若昔日之大，歷史之編著已不賴抄本之材料矣。

普通史料之發生往往源於他種原因而不源於學術。此與史料之本質正同，撰人目的不在於忠實觀察實際之真相而描述之，蓋往往別有用心焉。然在人類事實之中，觀察與報告之包含非科學動機最少者，當推社會上之事實。然則編纂史料之動機究為何物乎？

記事史料之目的在於保存可資紀念之事實而使之不忘。所謂可資紀念之事實，即足以感動吾人想像或足以激起吾人虛榮心之事實。劉知幾嘗云：「苟史官不絕，竹帛長存。則其人已亡，杳成空寂，而其事如在，皎同星漢。用使後之學者坐披囊篋而神交萬古，不出戶庭而窮覽千載。見賢而思齊，見不賢而內自省。」此世間人類之常情也。是以世界上最古之記事史料皆屬關於武功之刻文，中國也、埃及也、亞述也、波斯也，莫不皆然。繼之者為民族史或君主史，所記者皆君主與首領之事跡、戰爭以及革命等。關

於經濟方面之事實，僅驚人之天災饑饉而已。是故歷史上經濟消息之為數極少，即在後世所謂「親聞紙」、雜誌、日報等，在商業廣告未曾開發以前，亦復無經濟消息之記載。

文學史料之目的在於取悅流俗。其中所述者，或屬詩歌，或屬閎議，或屬滑稽，或屬傳奇，無不視撰人之所好以為衡。若輩於此本無提及社會事實之理由。讀者之誦其書也，亦往往無意在此中求得此類事實之描寫。至於文學作品，亦幾未嘗以社會史之消息予人也。

教育史料之目的在於傳達一種原理、一種信仰、一種知識、一種規則或儀節。屬於此類者，為所有宗教上、哲學上或道德上之著作；所有關於一種美術或一種科學（文法、修辭、醫學）之小本或論文；所有科學上之著作及法律上之程式等。吾人於此亦無描述社會事實之理由；除影響重大之經濟事實偶一引喻外，即或提及之亦極為稀少而且浮泛也。

實用史料之目的在於事實之覆核或證明。凡公家與眾人之紀錄、法律彙編、冊籍、帳簿、調查錄、統計表、報告、研究等皆屬之。吾人之社會史消息以得自此類史料者為最多。然第一，此類史料極不完備，內中所記事實每無一定之系統，不能以整個知識予人。撰人往往僅記其在實際應用上必要之消息而已，故其間往往有極大之罅隙，足貽極大之錯誤（如關於賦稅事實，即其一則）。其次，此類史料之興趣往往限於需用此類史料之當代人；除關於財政之事實外，均難傳世而行遠。是則實用史料之本質已足以自促其壽命。其實在西洋各國直至公家保存檔案之機關成立，對於史料不問類別概予保存之後，此類史料始得長存於人世。至於吾國之檔案，則至今尚以敝屣視之，更無論矣。復次，此類史料，繁重異常，而且又無文學上之價值。吾人之印行之也，純出諸科學上之原因，而且每喜擇其能供給政治消息者也。

所有上述原因足以說明社會史所能利用之材料為數何以如是之少。無論中外，關於上古時代之史料，其中幾絕無社會史料之存在。吾國正史中雖偶有人口之統計，然大體偏而不全。至於西洋則自古代以至十一世紀，幾絕無一種可信之調查（即純屬政治性質之羅馬公民人數之調查亦然）。是故過去人類之經濟生活始終未曾大白於人世。吾人不必上溯至柏克（Boeckh），即在最近之著作中，如貝羅克、如蒙生、如邁爾（Beloch, Mommsen, Ed.Meyer），諸德國名史家，試問其冒險之臆測如何！試問其中之罅隙如何！能與其他各種事實之纂輯相比否耶？吾人固大體明瞭古代城市之政治組織矣，吾人其亦知其經濟組織否乎？

為保存起見而出版之史料，其進步之遲緩，亦以關於社會史者較其他一切為甚。吾人之願意出版者，當然以足以激起大多數公眾之興趣者為主，或以稀有者、最古者及篇幅較小者為主。故吾人之慣例往往先出版文學之作品，再及所有歷史之作品，甚至編年史或極枯燥無味之年表。再出版美術或科學之論文、各種原理之作品。再影印美術紀念品、工業藝術品、古體文字之鱗爪等。蓋纂輯史料者之成見與撰述史料者之成見相同，其目的皆在於布諸公眾。然實際之經濟史料決不足以激動多人之興趣者也，而含有溯源性質之史料為尤甚。而吾人如欲出版此種史料，更非加意努力不為功，因其最為凌亂無序也。即此可知，欲求得出版經濟史料之方法，必須長久之時間。吾人必須使之脫離公眾之手而求援於志在學術之基金。此種事業之興起在西洋為時甚近，試觀淮茲（Waitz）所著之書目，一九〇六年出世之德國史料（*Quellenkunde der deutschen Geschichte*），則經濟史料與其他各種史料之出版情形即可比較而知。然德國於此已遠較其他諸國為進步，此就其國內有數種社會科學評論之存在可以證之，蓋因其能維持經濟史之專家也。其在法國，則經濟學上之專斷性質或足以妨礙此種整理史料事業之進行。其在英國，亦有少數之個人嘗試。美國似正在計劃出版之必要工作；然其運動則仍在開創時期中。至於吾國，則等諸自鄶，可無論矣。

第十三章　社會事實之編比

一、編比之必要——並時事實與連續事實

吾人研究社會史尚有一種困難焉，其為物也與社會科學之資料，即吾人應加證實之孤立事實無關。此即此種事實之編比問題是也。此種特殊困難之研究能予吾人以一種實際之消息，使吾人可以先事預防，而且使吾人可以瞭然社會科學中不能倖免之缺憾，並因之使吾人可以明瞭吾人工作之界限及應行避免之範圍。此種困難之發生蓋有二因：

㈠自社會科學中必須明瞭之事實範圍而來者。

㈡自社會事實演化之特殊性質而來者。

第一種困難為社會事實編比成史時，吾人不能不給以相當之範圍。吾人於此須先說明編比二字之真意為何，此蓋指著述歷史時最後之一步行為而言。當吾人以歷史研究法

中分析及考訂等步驟研究史料時，吾人最後之工作即專在決定分析後所得之結果，即所謂孤立之史事是也。例如十六世紀時，盎凡爾（Anvers）有一種商業交易所之存在。分析工作所得之事實，吾人顯然不能任其在一種殘缺零碎之狀況中；至少須使之依字母次序成為一種類纂方可。蓋吾人如欲瞭解之，非加以整齊功夫不可也。

一種科學之構成，非將所有孤立之事實綜合而成為渾淪不可，此即所謂編比者是也。最簡單之原理即將事實根據二種纂輯之系統而綜合之；集並時之事實以便得一某一時代事物之一般情形，集連續之事實以便明瞭其變動及演化之經過。是故歷史之編比蓋含有二種之工作：

㈠描寫某一時代事實之狀況。

㈡建設時間中連續一貫之演化。

此種方法可以應用於所有歷史之事實；所有各種習慣、衣服、居室、儀式、美術、文學、宗教、科學、政治制度之歷史；亦可以應用於所有社會之歷史、經濟生活、人口學及溯源統計學之歷史；社會主義之歷史。

二、並時事實之編比法——審問、歷史審問與研究審問之不同

吾人欲編比事實，不能不先求得分類之標準；此蓋所有敘述科學中必不可少之物也。吾人曾知在史料科學中，吾人不能不用想像功夫以創造之，而且想像中之標準不能不取一種審問之性質。此種必要乃歷史家所不願承認者也。在社會科學中，著作家往往公然宣言而不諱。此輩因習於研究之故，往往以為研究之道徒恃文學而不加審問，實不可能。然所有歷史研究之目的若在於描寫一種組織或一類習慣，即屬一種溯源之研究，非適用一種審問功夫不可也。

是則在一種指導研究當時社會現象工作之審問，及一種指導研究過去社會現象工作之審問間，有一種根本相同之點。在此二種研究中，著作者均須事先決定其所欲編比之事實及編比之次序為何。然吾人如欲提出研究之問題及排比之標準，必先具有與其所欲研究之事實相同之知識而後可。吾人欲提出一種審問，必提出一種與吾人所欲研究者相同之渾淪，而一一加以心理上之分析。是故吾人必須具有一種同類渾淪之知識。如無此種知識，則對於全部研究即無提出審問之能力。歷史家亦然，若無相當之觀念，即不能

提出編比事實之標準也。

然在一種歷史審問與一種研究現代事實之審問間，亦有其種種不同之點焉。對於現代事實，吾人之審問可以僅屬一種臨時之指導；研究之際，吾人往往直接置身於事實之全部渾淪中，吾人自然可以見到其間之罅隙，忘卻之事實、解釋錯誤之事實，以及分類不當之事實。此種直接之觀察常常足以改正忘卻之點及先入之成見；研究所得之結果每較審問為完備而不武斷。然歷史審問即無此種事後觀察之援助。吾人雖亦可在史料中求得吾人意中所無或解釋不當之事實；故歷史家必須常常準備完成或訂正其審問。然史料所能供給者，殘缺之事跡而已，不能以全部之景色予吾人也。吾人欲瞭解之，必在對於產生事實之社會已得有一般之觀念，並以此種觀念解釋之之後；而此種觀念當然屬諸主觀者也。是則史料中之事實必永遠隸屬於歷史家對於一般社會所抱之觀念之下。歷史敘述所以遠不逮直接研究現代所得之敘述，其故即在於此。此種主觀主義為所有歷史著作中固有之特性，即源於歷史家研究史料所得之零碎事跡，除想像外，已無法可以窺見其全部也。

此外，直接研究亦可以綜合所有某一時代某一部分中具有某種性質之事實，或者至少所有值得費力研究之重要事實，至於研究者有意不取之事實，必因其已斷定此種事實在全部瞭解上並無關係之故。至於歷史著作則適與此相反。其中所集之事實皆有賴於歷史家所能利用之史料；此種事實不僅必須由當時人觀察敘述而來，而且必須由史料留傳至今而為歷史家所知悉。重要事實有時湮沒而不彰，或因觀察無人，或因史料喪失，或甚至雖有史料而為歷史家所不知。是故歷史著作中之罅隙，純由機會決定之。時期長者此種罅隙愈大，蓋史料之自然命運往往數百年後即告終也，關於經濟事跡尤為如此。現代之研究有如一種建築家之計畫，吾人可於此中求其全部之建築；歷史之敘述則有如一種缺漏甚多之綱領標以臆度之線者也。唯物質建築之條件簡單而一致，故吾人可以恢復其缺點而大致無誤；至於社會團體之為物，其定律極其複雜，吾人而欲恢復非直接所知之事實，始終係一種可疑之臆度而已。

三、社會史之標準——地理上之劃分——應有問題——現象之描寫

經濟史之標準，其性質與經濟事實同。所含者為人與物質物品之關係，蓋物質物品足以滿足人類之慾望者也。然經濟史之為物，即使取通常所謂「經濟現象」者之意義，

以物品之享用、創造、分配等現象為限，並使之有別於消費之現象及人口學上之一般事實，其界限亦往往難以確定。即在此種限制之中，各類現象之性質亦尚有討論之餘地。實際上，各種歷史著作中所適用之標準各不相同。玆將吾人所視為與現代現象之觀察最相符合之分類法略述如下：

吾人欲將某一時代全部世界之事實綜合而敘述之，實不可能。是以吾人不能不以一種物質上之分部以救方法上之窮。此種分部敘述之原理必自所有事實同具之最通常的狀況上得來。對於經濟事實，自然之劃分實為地域，蓋材料所自出，交易所由起者也，此即地理上之劃分。是故吾人撰定某一地方而研究其中之經濟事實；再描寫同一地方（或係一區，如普羅旺斯、西西里、愛爾蘭，或係一國，如法國、德國、英國）之經濟狀況。此種分別敘述之篇幅可再綜合而成為一部分世界之敘述；然此種全部敘述僅屬一種舊日作品之集合，亦即各地地理分區事實之集合，實較有價值。在同一地方中，各種經濟現象間，皆有互相影響為之連成一氣；農業組織影響及於工業，商業影響及於農業，財產制度影響及於商業等。是故吾人應先構成某一地方所有現象之一般狀況，然後將研究各地所得之結果綜合編比之，經此種進行方法遠較僅研究所有世界各國一般狀況中某一類之現象為佳。根本劃分應以國家為標準，此外再細為劃分，始得以現象種類為根據也。

種類之劃分必須以創造物品與分配物品之藝術之目的及性質為根據。普通之劃分為：

(一)生產，再可分為材料之直接生產及材料之變動（工業）。

(二)運輸，再可分為物質運輸與合法之交易（商業）。

(三)分配，再可分為分配、享用及移轉。

當吾人研究某一時期某一地方經濟狀況之沿革時，在此種一般標準中，關於各類事實，含有特殊之問題。居民所遵行之制度為何？實行此種制度者為誰？其在國中各部分配之情形如何？凡此諸問題蓋含有一種習慣之描寫、一種特殊人員之描寫，及一種習慣分布之描寫也。茲更詳舉如後：

(一)生產。

1.直接生產，即原料；四種進程：(1)獵及漁；(2)飼養；(3)培植；(4)原料之提取（木料、石礦）；此為轉入工業之過渡。此四種進程更可根據動物或物品之種類而再分之。吾人之研究將成對於各種生產形式之研究，而其問題有三：(1)產品及工作之進程；(2)擔任工作之人員，工作如何劃分？如何組織（並行之組織及隸屬之組織）？(3)人員之分布

（產生之中心、各人生產之數量）。

2.工業，即原料之變動。工業之為數甚大，故分類為難。吾人分類以材料性質為根據乎，抑以物品之目的為根據乎，極易令人躊躇而難決。吾人可分工業為鐵業、木業、紡織業等，亦可分為養料、衣服、建築、器具、器械及軍器、奢侈品及理智生活等工業。每種工業均成為一種特殊研究之範圍，而含有同樣之問題：(1)所用材料及技術；(2)所用人員，即工作之劃分及組織，同一職業中工人之關係，與其他職業中工人及商業指導者之關係；(3)工人之地理上分配、各種工作之中心、工人之數目及產品之數量。

(二)運輸。

1.運輸，即工業與商業間之轉運。僅有二類可分，即海上與陸上是也。唯第二類可再分為河道、鐵道及普通之大道。每一類含有三問題：(1)運輸方法、曳引及裝包之方法與習尚（於此須辨明物與人之運輸）；(2)運輸人員（與對於工業之問題同）；(3)道路及運輸中心之地理分布、運輸物品之數量。

2.商業，即權利之交易。吾人須將實物交易之直接商業與信用及投機之象徵商業分別清楚。對於每種有如下之問題：(1)商業之材料及商業之進程；(2)商業人員分工及組織、各團體間之關係；(3)商業及信用中心之地理分布、商業作用之數量。

㈢分配。此項已無可再分。吾人祇注意下列問題已足：

*1.*分配，包含有下列問題：(1)財產制度，財產所概括之物品為何；(2)主有財產之人員、階級之組織、各團體間之關係；(3)產主之地理分布。

*2.*物品之享用：(1)享用之制度、不固定之所有權、所有者間利益之分配，及合法之產主；(2)所有者之人員、階級之組織；(3)不固定所有權之分配。

*3.*權利之移轉：(1)死後根據契約之生活移轉方法；(2)移轉之數量。

吾人對於此種習慣及現象之分配，加以研究之後，吾人方可得一種某一時代某一地方經濟組織之全部情形。當某同一時代所有各地方之經濟狀況得經研究之後，吾人方得一般之經濟狀況。必如是而後吾人可以比較各種不同之組織，研究共通之特點，並瞭然於研究此一時代之世界經濟狀況是否可能。

第十四章　社會史之特殊困難

一、決定事實數量之必要——歷史中之定性知識——社會事實中數量決定之必要

吾人如欲說明經濟事實之一般情形，非具有較他種歷史研究為多之補助知識及一種較他種歷史知識尤為切實之知識不可。

吾人第一須具有地理範圍之知識，因其能維持人類與物品也。此為所有歷史研究之公共條件。地理學為一種歷史之輔助科學；且因歷史事實之大部分皆屬物質，故地理學尤為必要。然對於理智事實之歷史，如科學、美術、宗教等，則具有普通知識即為已足。此種知識之關於物質事實者，必須格外切實，蓋因其受環境之限制較為嚴密也。是以經濟史之為物，不能不有賴於地理學；如無地理範圍之知識，即將無歷史統計之可言也。

歷史事實所具之第一步形式為說明；描寫各種概念、行為、習慣——即時時更新之行為——對象、狀況及產品。此為所有說明科學（如動物學、植物學）之第一種形式。因歷史為關於人類之科學，故其間僅有某幾種說明為歷史所特有，即非物質形象所能表示之各種內心狀態是也；語言、思想、想像、規則、動機以及所有心理上之事實皆屬之。吾人曾知歷史上之一範疇。所謂理智習慣之歷史者，幾盡皆由此種事實構成之；此外，則社會制度與政治制度之二種歷史亦大部分取材於此種事實。吾人能由此種事實得來者，僅屬一種「實質」之知識而已；吾人可以決定此種概念之特點及其性質；然所謂定量知識者，僅係其次數而已，而又無法探討者也。某人之懷有一種思想究有若干次？懷有此種思想者究有若干人？此種研究吾人絕不夢想從事者也。

然吾人可以構成理智現象之歷史而不必以說明為出發之點；換言之，即不必研究定性之知識或量數之原質也。關於語言、美術、科學、宗教等歷史，即屬此類。吾人可以描寫美術品、科學產品以及某一時代所表示之各種概念，而不必說明其分配情形及次數之多寡。一八八六年波多（**Bourdeau**）所著之歷史與史家（*L'Histoireet Les Historiens*），曾欲實現其應用統計學於歷史之主張，以作品數目之多寡為估定其重要與否之標準。此實一種錯覺也。吾人所得知者，僅一種印刷之數目而已，而非文學現象之次數也，而所謂文學現象者，乃讀者在精神中對於撰人所表概念之表象也。

至於風俗史所包括者雖屬物質行為，然吾人所能得者，亦僅有定性知識之一種而已。試問當十四世紀之世，住室有若干所？服制有若干種？一種法律或一種政治習慣之應用究有若干次？然吾人於此仍無明白數量之絕對必要也；吾人所當知者，蓋即某一時代、某一地方實際上有某種習慣或某種政治制度而已。吾人所注意者，在於習慣之存在與否，並不在其次數之多寡也。唯吾人對於規則之是否切實遵行或其大體情形如何，則不能不有相當之瞭解焉。

社會史並亦包含有一大部分經濟習慣之說明，如農業與工業之進程、生產、運輸、買賣習慣、信用、投機、分工、財產以及產品分配之規則等皆是。然僅此一部分不足以構成全部之社會史也；其能輔助吾人瞭解社會現象固有餘，至於建設社會現象則不足。某一時代、某一社會之實情，決非僅述其各種習慣即可了事。此種實情應並包含有數目與分配之材料。人口之數目、性別、年齡、來歷、職業之分配、社會階級或專門技術之構造、財富之數量及各類人民中財富之分配、農業、工業及運輸機關之分配，凡此各種觀念，均不可或缺者也。若其不備，吾人即不能表出社會之真相，而得一整個之觀念。即經濟習慣本身亦無甚價值；蓋其價值之發生，純以其次數之多寡為標準；僅存在於數人間之一種習慣，在實用上與歷史上均屬無甚關係。自社會史之眼光觀之，對於一個社會之知識乃其結構之知識，即其各部分分配比例之知識也。然數目、分配、次數、比例等皆係定量之觀念。吾人對此，不能如文學、美術、科學或甚至法律與政治制度等之可以純用定性之社會現象描述社會之真相。是故吾人可以斷言，社會史必須為一種絕對之定量知識也。

二、決定數量之方法——度量——計數——估值——舉隅——通概

歷史而欲得一種定量之知識，其方法為何？就先驗而論，歷史既無直接觀察現象之可能，則此種方法必屬平常。綜之可得二種間接之進程：

㈠蒐集史料撰人所供給關於數量之消息，例如雅典所供給之阿第加人數。此種消息往往不甚精確，非加考訂，不能接受。然吾人於斷定以前，不能不先知史料撰人獲得結果時，其進行之狀況為何。而吾人對此固不易研究者也，故不能不假定撰人之有誤，蓋

數目上之錯誤本常見之事也。

(二)蒐羅由分析史料得來之各種孤立材料而集合之以計算其數量；例如吾人將英國威廉第一之英格蘭調查錄（*Doomsdaybook*）中之佃戶數目相加，再計其與人民總數之比例，即可斷定十一世紀末年英國之人口若干云。

是故史料撰人與史家決定數量及說明數量時所用之方法為何，不能不加以研究。茲將各方法依其由密而疏之次序分述如下：

1.度量——數量之表示，其純屬科學者唯此而已。此法能得各種現象歸諸相同之單位，再使之受絕對之度量（如長短、面積、輕重、化學成分、運動等）。此法在社會現象之實際觀察中，其地位漸形重要，關於經濟現象尤其如是。吾人對於鐵道或道路之長短、面積之廣狹、出品之重量、數目所表之價值，均已日漸注意。然對於過去之事實，吾人已無直接方法可以度量之。吾人僅能蒐集史料中所提及之度量而已。此種史料中之數量有係撰人本身所得者，亦有係撰人襲自他人者，而前者則極為罕見者也。然就以往各世紀中所用度量之方法及史料撰人轉述之習慣而論，吾人實難望其度量之正確也。

2.計數——此為統計方法之最稱美備者。此法在於選定一種顯然有定之抽象特性，並在某種範圍中計算具有此種特性之某一種人或物究有若干。計數結果往往以數目表出之，故常人每誤認為正確科學上之度量。此種錯覺不過人類將「正確」與「切實」混為一物之自然傾向之一例。事實上，計數方法之具有此種切實特性，純自其所根據之慣例得來。此種求知方法之全部價值，純以建設此種方法之慣例性質為標準。如吾人研究過於慣常之特性（如重罪、輕罪、公寓等），則計數所予吾人之實際消息甚為有限。吾人所知者，僅在某一地方在「重罪」或「輕罪」各種中有法律案件若干起，或在房室總數中習慣上稱為「公寓」者有若干座而已。凡屬此類數目均未嘗表示一種單純之總數，無非將不能絕對計數及僅具有不甚重要之公同特點之物集合於一處而已。

然欲瞭解複雜之事物，則計數實為唯一可能之定量方法；而所有生物及生物所產生之物，則又均極其複雜而不單純者也——除非吾人將此種事物表以輕重之觀念或用數目所表之價值觀念（吾人不能以度量方法施諸群羊，然可量其輕重）。故欲切實說明一個社會之結構，計數方法實不可或缺者也。至少吾人須知其人數、各中心地點之居民、居室之數目、動物之多寡等。計數並亦為人口學上根本之進程；即經濟現象亦唯有以數目表出之時方能成立。

社會史所能利用之計數，其有史料為之證明者為數甚少。吾人所有之數目幾乎全部皆屬可疑。此種數目如何得來，其情形非吾人所能知，吾人不能不假定其方法之不足。是故上古時代愛基那（**Egine**）奴隸之數目及雅典之人數均不能不視為可疑。中古時代之數目亦復如此。英國一三一七年之事，即其一例。是年英國政府提出徵收五萬磅新稅之案於國會，照四萬牧師教區計算，每區應各繳二十二先令三便士。當著手徵收時，有九千教區不知何在。吾人試讀朗德所著一八九五年出版之封建時代之英國（**Round:** ***Feudal England***），吾人對於英王附屬騎士三萬二千人之數目，其感想為何如？而此種數目固以消息靈通之某大臣所言為根據者也。即名史家如蘭克（**Ranke**）所述十六世紀威尼思大使著名報告之數目，如引用之，恐亦不免有誤也。

對於各種數目最後之處置為綜合史料中得來之原質。然計數時必不可少之條件，在於瞭解必須計數之全部範圍，蓋對於全部計算之單位必須絕對有把握方可也。而包含全部範圍之史料能否保存，則又有賴於極難得之機會也。在全世界之歷史中，直至中古末年為止，恐除英國之調查錄一書，本身係一種財政計數外，別無他種同樣之史料矣。

3. 估值——此為代替計數之權宜方法。當吾人不能或不願計算全部範圍時，吾人可取其中之一部分，並在此一部分中計各類事物之數，而成立數目上之比例，以便曉然於各類之百分比。吾人假定此部分為全部之縮影，並假定其比例之總數必屬相同。此種方法之危險即在於其根本上之假定。吾人固可承認吾人所選之部分與全部相同，且其比例亦復相等，然一旦此部分全部不同，則吾人之估值即屬錯誤。例如吾人欲知中國失業者之比例為何，吾人必取上海人口之百分比；其估值必至過高。是故吾人必確知所選比例實屬相同，而此點又往往難於深悉者也。當一種史料表明一種比例時，其情形亦復如是，吾人對於撰人所用估值之方法為何，不能不加以研究。吾人嘗謂據十四世紀史料所載，一三四六年至一三四八年之間，人民之喪身於黑死病大疫者占全人口二分之一或三分之一；吾人如假定其果曾有一種計算，更須進問：此種估值究以何部分之人口為根據。

4.舉隅——此亦為代替計數之一種權宜方法。吾人任意在擬欲計數之全部範圍中取其單位若干。再研究其含有某一種特性之單位究有若干。例如吾人計算在全部女子中究有若干人係屬寡婦；吾人承認其比例與本範圍中其餘部分相同。此種進程較估值之危險為少，因其墮入範圍中例外之部分之機會較少也。然吾人若誤以例外之單位為根據，而不能擔保此種單位之與全部相同，則其危險反較估值方法為大也。

當吾人應用舉隅方法於歷史上時，純賴史料所供給之消息，則其情形最為不利。吾人如研究現代之事實而欲瞭解其全部，吾人可先觀察其大體之情形，認明何者為例外；然後取其非例外之單位而加以有系統之研究。至於歷史上之事實，吾人所知之單位本極稀少，且純由史料得來而無選擇之餘地。然一種記載例外事實之史料，其保存儘可較他種史料為多，吾人於此中所得之例外單位必且大有妨礙於吾人之研究。例如吾人欲用舉隅方法決定十二世紀時在某一地方屬諸教會之土地其比例為何。留存之史料往往保存於教會檔庫中而與其領地有關者。吾人不能不於此中求教會領地之標本。其比例勢必甚大，幾乎所有土地均似屬諸教會者然。

5.通概——此為歷史上最習慣之進程，不過一種估值方法之較為簡單而無思想者。蓋即就吾人在某一群人或物中研究其一部分所得之特性推廣至全群耳。此實一種無意識而且不妥當之舉隅。其合理原則為下述之一種假定：即如在某一範圍中任意取其若干單位，而具有同樣之特點，則此種特點必可於本範圍所有單位中求之；換言之，即假定觀察所得之特點為足以代表全部之平均數也。

凡吾人對於某一範圍之全部或一部無完全之知識時，此種進程實為唯一之方法，此蓋歷史上極尋常之情形，不獨社會史為然也。歷史上錯誤之原因當然以此種方法為最大，描寫一個社會一般狀況時所生之錯誤，大部分均自通概不當而來。此蓋因普通史料所供給之消息大部分皆屬例外之事實，撰人之記之也，正因其為例外耳；如犯罪之案件或英雄之行為，以及少數例外人物之習尚等，往往最足引世人之注意，亦最足令人生記述之傾向。吾人於不知不覺之間將此種情形視為常事，以為可以代表社會全部之特點而稱為一般之習慣。現在吾國研究文化之歷史著作，即充滿用此種進程得來之概括論調者也。

社會史尤易犯錯誤通概之危險。蓋社會史之目的本在於描寫社會全部之結構者也，而其史料則甚為稀少，僅於記敘史料及文學史料中有偶然之提及，或僅有一部分之刻文；而且檔案中所保存者又極不相等，如中古時代除教會外，幾無其他史料之存留，即其一例。是故吾人之傾向每欲根據少數可信之事實以概括一切。社會史需要全部之史料在各種歷史中最為急切，而其獲得全部史料之方法，在各種方法中，亦適最為不足也。

三、實際上之結果——特殊之規則——編著之限制

因有上述種種情形，故實際上之結果，為吾人研究社會史上之事實時，必須受較其他歷史尤為嚴密之規則；吾人必須瞭解史料之狀況，以便限制吾人之研究於知識之可能範圍中。

吾人對於所有定量史料必須加以考訂，且考訂時必須較考訂說明尤為嚴密。蓋其正確與否即較不易知，則其可疑之程度亦必較高也。史料撰人對於一種觀念或甚至一種常常重複之行為（如習慣、風尚、制度等）之瞭解與描寫，本無格外切實之必要。然此中即含有一種數量之觀念，吾人不能不用一種特殊之工作方法以論證之。吾人須問撰人之得其結果所用之方法為何？此種方法之價值如何？其所依據之資料為何？其計算之方法為何？吾人於此所得者往往僅屬一種消極之確定而已，即撰人之進程並不正確是也，例如中古時代之編年史家對於大疫中之死亡或人口之數目，亦絕無估值之方法也。無論如何，吾人必須加以精密之考察方可。現代之經濟史家對於此種必要之點，似仍未嘗注意及之；吾人試一觀最嚴謹之史家，其所撰述之上古史即可見其編比不甚經意之一般矣。

當吾人欲用己力以獲得社會事實之數量時，研究過去事實時所應遵守之規則，應與計算現代事實時所用者相同。此種方法，德國梅曾曾於其一八八六年所著之歷史及統計之原理與技術（Meizen: *Geschichte, Theorie und Technik der Statistik*）一書詳述之。

通概方法不能在統計上研究之。吾人必須將此法反諸有意識而且有系統之舉隅方法。吾人必須注意之點，條列如下：

(一)明定吾人所欲通概之範圍，即吾人假定其中單位均屬相同之範圍。如吾人所欲通概者為一群之人類，則範圍不可過大，使其單純之機會較多；不可將部分與全部混而為一，例如不可以一省而統括全國。

(二)確知吾人在某一範圍中所已知之事實確屬相同，使吾人任意所取之單位有代表平均數之機會；對於名義上之相似最宜加意防止之。

(三)確知吾人所欲通概之事實確非例外而實足以代表全部者。

(四)確知吾人所已知之事實已有相當之數目。如遇動機及現象較為複雜之團體（如都會中富人之家庭預算），則數目須較大，如遇動機及現象較為簡單之團體（如一群農民之生活），則數目不妨較小。

吾人對於上述諸點如嚴密遵行，即知因缺少可信材料之故，確定之結果往往難得。此即編比社會史時必不可免之限制也。此種限制之程度當然不同，然其不同之情形每隨史料之狀況為之轉移。所謂史料之狀況，即觀察之能否正確是也。實則限制吾人之研究者，非吾人求知之方法為之也，吾人濃厚之興味為之也。吾人試讀所有神學史及所有古代科學史，即知專門學者往往不惜終其身以解決一種不能解決之問題；其興趣蓋即在於問題之解決。吾人於此並須知吾人欲確定某一種事實，決不能以吾人欲瞭解某一種事實之願望為標準也。

第十五章　社會團體之決定

一、社會事實之特性——人類抽象限定之事實——個人行為——標式行為——集合行為

第二步之工作為編比連續之事實，以便依時間次序描寫社會之演化。然吾人欲研究社會事實之連續，不能不有初步之工作；即對於為社會現象之主動者或對象者，須研究其為何種人類團體是也。是故吾人於研究演化以前，必須研究如何決定社會之團體。

貫徹此種編比社群全部工作之原理，為全部史學之原理，極其簡單而明瞭，真絕無規定之必要；唯就吾人經驗而論，則此類作家對此原理往往健忘，故不得不表明之耳。茲可表如下：社會事實僅屬抽象之物而已；盡皆屬某一部分人類之行為、狀況或關係也。有時或亦屬習慣，而習慣不過一串相同之行為；或屬人類之物質狀況，如年齡、性別、疾病等；或屬與人類有間接關係之物品，而吾人專因其有此種關係而研究之，如植

物、動物、房屋、道路、金銀、產品等是也。

一種現象而欲使之具有社會性，必須係屬一種行為狀況，或一人或一群之物質關係。然人類之特點為個人之生存。是故吾人欲完全瞭解一件社會之事實，應知與此事實有關之人群為何。在一般抽象科學中，如物理、化學、生物學等，吾人雖將各種現象皆置諸抽象狀況中而後研究之，對於實際對象無常常注意之必要。然吾人於此可根據經驗以分別之而嚴密明定其特性。在社會科學中，吾人亦思根據各種現象構成一種抽象之科學：如經濟學、政治學、社會學等。然此種嘗試實未成熟，且恐未必合理。蓋吾人於提出一般特性之前，必先能描寫社會事實在各種狀況中之情形為何，否則即不能瞭解；所謂狀況即人類個人也。例如在自然科學中，吾人於構成一種抽象生物學以前，必先描寫動、植物有機體之結構及機能，就各個具體之渾淪而研究之。

至於觀察所得之社會事實及必須事先描寫之社會事實，係個人或團體之行為、狀況及物品。凡此種種皆有一定之性質及位置，故吾人不能不事先研究其名義。吾人欲描寫人口或市場，吾人必須明言其為西班牙之人口或倫敦之市場。吾人欲瞭解一件社會事實，其條件即為表示主動之個人或團體，並能將事實使之與一種心理狀況相連。此種心理狀況雖或甚為浮泛，然已足使吾人瞭解此種行為之動機為何。是故就社會方面而論，一種物品自一人轉移至其他一人，吾人對此不能瞭解也：此係一種買賣乎？一種捐助乎？一種偷竊乎？一種劫奪乎？吾人欲回答此種問題，必須深悉其動機為何。僅有若干之銀兩或若干之物品決不能構成一種社會現象也；必使之與價值觀念發生關係而後方可成為一種心理上之事實。唯有人口上關於生理之事實為能足以自立之事實；然此種事實不過一種社會現象之條件而已。是故吾人而欲描寫歷史事實或社會事實，必須深知此種事實之主動者為誰，而且至少須知其心理現象之一種，即其行為之動機是也。

吾人試察此種事實在直接觀察上或在史料中之形式為何：

㈠關於個人行為或個人狀況者：美術家、政治家、軍官、工人、購物者、投機者之行為。其在過去，此種行為之知識構成個人之歷史。此種歷史實際上如無史料，往往極難建設；然亦為最易瞭解之歷史。理智創造如美術、科學、哲學、宗教等之歷史；及政治方向如革命、改革、戰爭等之歷史；凡構成所謂政治史之大部分者，皆屬於此類者也。此種個人之歷史在社會史中幾無其地位。唯發明與習慣之歷史之敘述發明家與創始人者，應屬例外。吾人所以為此言者，蓋因即經濟史亦未嘗純粹研究團體者也。

㈡關於個人所表之行為及個人所屬之狀況，而同時又與其他個人之行為或狀況相似者。史料所述者往往僅係一種個人之行為或狀況，例如買賣是也。然吾人可以據此以通概他人行為之相同或狀況之相似。是則個人之行為成為一個團體之標式。所謂歷史即由此種標式行為或狀況構成之，而為一種團體現象之研究。屬於此類者有語言之歷史，以一人所用之文字代表當時人所共用之文字；有私人習慣如養料、居室、動產、儀式、娛樂等之歷史，以一部分之實例代表某地方全部人共通之習慣；有信仰及主義之歷史；有法律規則之歷史；有社會及政治制度之歷史。此外有經濟習慣之歷史，構成社會史之一大部分者亦屬於此類；其所研究者皆單獨之事象，如耕種、製造、運輸、交易等是也。

㈢關於一群個人共同所舉或互相直接影響之集合行為，如議會、軍隊、市場等之行為是也。此種行為在史料中亦往往表有集合之性質，蓋觀察者亦以集合行為視之也。此種行為實為社會行為史及政治行為史之資料，唯創始者及改革者之原始行為，則須除外耳。

社會事實之大部分皆屬此類。事實於此不特如工業物品之製造或農業方法之應用互相形似而已；而且有一種人類行為間之互相影響，及一種工作之組織、運輸之制度及交易之制度焉。此不僅一種團體之現象而已，實亦一種集合之現象也。

二、團體——明定社會團體之困難，與生物團體之異用——歷史團體之普通性質——社會史之特殊困難、注意之點及限制

唯有個人之事實有明定之範圍，其範圍為何？即個人是也。所有其他事實無論其為共通或集合，吾人欲瞭解之，必先知其產生於何種團體中而後可。吾人須知具有同樣習慣者究屬何種團體，構成一種集合行為之系統者究屬何種人群。是故吾人欲明定此二種中之一件事實，必先確知產生此件事實之團體；所有習慣史上之主要困難，此即居其一焉。

欲決定一件事實所屬之團體又有二種工作：

㈠決定產生事實之團體種類。

㈡決定此種團體實際上之界限為何。

一種人類團體決不能與一種動物種類相提並論之。吾人雖亦可討論種類之限制，研究某幾種生物究應歸入此類或歸入別類；然吾人已知一種生物絕無同時可屬二類之理。

人類團體則適與此相反，蓋所謂人類團體不過一種觀念而已，非出於自然，而部分實源於慣例。

一種人類之團體乃由具有相同習慣（例如語言、宗教、風俗等）及具有某種共通行為（例如戰爭、政府、商業等）之一群人類所組織而成。然亦有多種習慣及行為制度，其產生之原因各不相同，而其影響於各人也亦並不相等。其結果則同是一人不盡屬諸唯一之團體，因其所有習慣、觀念或利害關係等，不盡與團體中其他分子相同也。就語言論，彼可屬於某一團體；就宗教論，彼又可屬於另一團體；就私人習慣論，彼又可屬於其他之一團體。彼所屬者有一種政治之制度、有一種宗教之制度、有一種經濟之制度。在各種團體或制度中，彼所遇者一部分習慣或行為相同之人，而此輩之他種習慣或行為，則或又屬於另一種之團體或制度。是故有一人焉，就其民族論，則屬於滿州；就其語言論，則屬於蒙古；就其宗教論，則屬於西藏之黃教；而就其政治論，則又屬於中國之範圍。此四種之共通性完全不同。滿州之民族、蒙古之語言、西藏之宗教、中國之隸屬，其建設皆不同時，而其成立之動機皆完全相異。

根據生物學上之比論而勉強造成之社會學，其根本錯誤即在於此，蓋初未嘗瞭解此種生物現象與社會現象根本不同之點也。社會學者因此誤以人類團體為與一種動物之有機體相同。而且當此輩不能同時利用此種比論以研究某部分個人於數個團體中時，竟任意武斷選定各團體中之一，而比之為一種組織，置具有他種共通性之團體於不顧。其法往往如對待一種動物然，選定一種由政府所構成之政治團體而名之曰民族團體；其範圍大體多與語言團體相同。此種對於國家團體之特別尊重，置之於宗教語言及文化團體之上，足以說明十九世紀民族感情之所以非常興奮；然其為不合理則一也。

選擇一種人類團體以為研究共通或集合表現之範圍，為歷史研究上最大困難之一端。團體種類顯然隨現象種類而不同。語言史之團體應為通用同一語言之團體；宗教史之團體應為信仰同一宗教之團體；政治史之團體應為隸屬同一政府之團體。然試問社會事實史之團體，吾人應選擇何種團體乎？經濟之團體究為何物乎？吾人尚未能明定之也。以一種共通性或共通習慣所連成之人類經濟團體究為何物乎？其為隸屬於同一統治者之人民乎？然在各國人民之間，其商業關係往往因有一種經濟上共通性之故，異常密切，此種共通性每隨關稅率之高低及商約上之條件而不同。馬尼托巴之加拿大人，隸屬於英國，而其商業上之關係則與美國為最密，吾人將歸之於何種團體中乎？印度人隸屬於英國而其習慣則純屬亞洲，吾人又將歸之於何種團體乎？

此種問題就現代之社會及吾人所已知之事實而論，已屬不易解決之問題。至於古代之社會，吾人研究之中介僅有殘缺不全之史料，又如何得知經濟利害相同之人類團體乎？史料中所標之團體僅其名而已。試問名之真意為何？大部分皆係政治之名，所指者不過隸屬同一統治者之人民而已，蓋當時之經濟共通性，在各國內部遠較現代為薄弱也。

此種困難如何解決，實不易言；唯吾人須注意及之，以便瞭解於研究時吾人應抱何種之觀念。是故吾人須問：史料中所標之名果指何種之團體？此團體中所包含者為何？吾人其能知之否？團體中各人之間之連鎖為何？此團體之此種共通性與一種經濟共通性間有何關係？吾人因此可以預知在一個名義下之團體有無分析研究之必要；假使不能分析，吾人至少亦將知此種範圍不明之事實不如不予斷定（或甚至研究）之為愈。

第二種困難即為團體或團體中人界限之確定，此為研究所有團體歷史共有之困難。蓋因史料即不完備，吾人所知者，僅偶然觀察所得之少數事情而任意保存至今者也；而吾人即根據此種殘缺之史料利用通概之方法以此種事實推及全部，是則除確定通概範圍極其困難外，尚有通概方法中固有之危險。一種習慣每以一地方之史料證實之。然試問何時吾人方有權利可以斷定某時代，此種習慣之範圍可以擴充至如此之程度？此種問題不能不明白提出者也，蓋其解決有賴於各種事象本有之條件，而且假使吾人不用方法以研究之，則團體之構成必不免有種種之危險也。茲列舉其危險之點如下：

㈠不明瞭現象之抽象特性為何。吾人每以抽象之程式，如市場、紡織業及機械作用等，以說明現象，抑若此種抽象之程式標明一種真實之物質者然，而賦以行為、動機及感情等之性質。當吾人以此種方法使抽象之程式具有人格時，所謂市場、工業、機械作用等，皆成為具體之物，似皆具有行為之能力；吾人每於無意中視之為具有行為與勢力之生人，而此種簡單之神話足使吾人忘卻人類性質之複雜，並忘卻歷史上甚至社會上真正唯一之主動者僅人而已。

㈡以某種現象歸之於一種團體而不知用直接或間接之觀察方法以證明此種團體之存在。吾人每誤以一種想象中或臆度中之團體為某種事實之原因，歐洲中部各國假定之村落團體即其一例。

㈢以一種真實之團體維持經濟之現象，然此種團體藉以形成之共通性與吾人所欲研究之現象並無關係。例如因語言相同而形成之團體，如希臘人或德國人，或純以政治連鎖所構成之團體，如十六世紀之西班牙，吾人以同樣之經濟現象或經濟共通性屬之團體之全部，而與實際情形不符。此種錯誤極易發生，蓋史料中所提及之團體之名，大部分僅標明語言之團體或政治之共通性，而並無經濟之特性者也。

㈣研究一個複雜之團體而不思所以分解之使成單純之部分（至少就吾人所研究之現象而論）。例如說明十八世紀時大不列顛之經濟生活，而不將愛爾蘭與蘇格蘭自英格蘭分開。吾人自以為折衷其間，而不知其對於三地都無是處也。

㈤通概所取之範圍過大，團體之界限因之錯誤不清；吾人因之誤以行為及習慣歸之於實際原在局外之人。例如假使吾人將六世紀時居於現在德國境中所有之民族歸入德國人之團體中，則克爾特人與斯拉夫人之經濟習慣本完全與德國人不同者，亦將參雜其間矣。

第十六章　演化之研究

一、演化研究之條件——統計圖表之用及條件——生物學上與社會科學上演化之不同——演化之種類——產生演化之事實之決定

歷史研究法最後一步之工作為編比連續之事實以明瞭其變動，而獲得諸現象之演化，此純屬歷史學上之工作，唯有用歷史進程根據過去史料方可辦到。此為最後之一步，蓋必待其他二步達到之後，方可著手也。吾人於比較同一社群中，另一時代及各時代全部事實之先，應先有一某一時、某一群社會事實之全部也。

利用統計圖表而演化之情形易於表示。當現象可用數目表示時，統計圖表之為用可將演化情形瞭然表出，將數目改為圖解即可矣。例如吾人可得一種食物生產量統計圖或運輸量之統計圖。此種統計圖表最足表示現象之繼續及變動之方向。試任閱一種統計表

即可見其一般。

統計方法僅當事實可用數目代表時，方能應用。故應用此種方法之條件有二：

㈠事實體質必能用數目代表者，而且有繼續之量數足資比較者。例如生產、運輸、轉移及分配之量，或實物、動物、個人之數目是也。是則此種方法不能應用於物質變動之狀況上，亦不能應用於構成經濟組織之人類關係上。故欲表示由環境、觀念及動機而來之現象，仍唯有筆述之一途。

㈡史料必須充足，能供給幾個時代現象之數目者。此於古代甚為缺少，如史料充足，則數目或曲線以外並可以描寫文輔之。

吾人欲明定演化，祇須將某一國在連續各時代中之經濟生活得一大綱，並將各種大綱綜合為一，即可矣。然欲瞭解演化，則非將各時代之事實加以部分之比較不可。

吾人於此有一事實上之困難焉。即吾人之綜合事實，不能任意為之是矣。蓋綜合之目的原在於比較各時代之事實，故唯有相類及有繼續性之事實方能施以綜合也。然所謂繼續性，乃一主觀之觀念，乃由吾人精神上所給予事實連續之解釋。直觀所供給者，僅一種連續之狀況而無連鎖者也。此種繼續之連鎖乃一種因果關係之連鎖，其義甚泛而且易流於錯誤。

事實上，吾人之演化觀念蓋自生物學上之觀察得來。吾人目睹某一種生物之逐漸變化，而其本身始終仍屬一物，此繼續演化之顯而易見者也。吾人目睹各種生物之生生不息，有時並目睹各代生物之逐漸分化，其後代子孫與其始祖日趨不同。此繼續之性雖仍顯見，而物種之演化，吾人已確知之矣。

此種演化觀念由生物學得來，而為吾人移至社會生活中者。吾人於此，須依據比論而進行，而用一種無意識之暗比。吾人將人群——例如英國民族——與一生物個人比。吾人將一種動物之連續與同一人群之連續比。因此吾人得一「社會演化」之觀念，實已屬一種暗比矣。

吾人於此更有進焉。在社會中，吾人尚可提出人類所組織之屬群焉，依其職務以別於其他之屬群，此即與社會全體仍有繼續關係之一種制度也。如吾人分別政府、軍隊、教士、官吏等，又如貴族、中流社會等階級皆是。吾人於是視此種組織或此種階級之連續變動為演化。吾人有政府軍隊及中流社會等之演化。此為第二等之暗比，蓋吾人對於某國各連續時代政府或中流社會之一種繼續，無直接之知識也。其間並無生物學上之連鎖，亦無所謂政府或中流社會之實物也。

最後吾人並可提出一種習慣、一種語言或語言中之一種詳情、一個文字、一種技術上之方法、一種生產或分配之制度。吾人常言一個文字之演化、建築術之演化、紡織業之演化或運河商業之演化。此則屬第三等之暗比，蓋此中絕無生物學上繼續之表示，而習慣之相傳則僅恃模仿而已，即心理上之進程也。

故吾人如欲應用演化之理於社會現象，必先瞭解演化一詞之真義。此與生物學上所謂演化不同，並無物質上之繼續性，即生物學上之因果關係。至於生物學上之因果關係，即同一個人之一貫狀況或行為，或個人生生不息之世系是也。此僅表示一種類似而已，有時或源於生理上之遺傳，然大體皆源於心理之作用——即習俗、教育或模仿是也。此處所謂繼續，純屬抽象之詞。如吾人名一類事實之連續變動為演化，此蓋吾人承認各連續之狀況中含有繼續性。然吾人不能預知此種繼續性之成立，依據何種進程，而就先驗而論，殆不能謂為由生物學上之進程——個人變動及親屬關係——而來。

此種繼續性可在幾種事實上建設成立。

最易明定而且最為抽象之演化為一種習慣之演化——或一種行動之方法、一種觀念——或一種動作之物質產品——一種職業技術之演化，一種實物或某種工業製造物價值之增加。例如吾人可以研究治鐵技術之演化、鐵價之演化、鐵塊形式及用途之演化等。吾人欲建設此種演化，祇須將研究各連續時代方法、經濟習慣或產品所得描寫文或數目加以比較即得。演化之意義蓋自對於一種民族在某一時代中，經濟行為與思想上加以同樣之比較而得來者也。

吾人試更研究組織之演化，此即研究人類中根據一種習俗——強迫者或自願者、明許者或默認者——而成之各種關係。即經濟生活上各種制度是也。吾人必研究人類分工及工作組織之習俗、實物轉移之習俗及實物享用分配之習俗。試將各連續時代經濟制度加以比較，則演化之跡即顯露矣。

吾人並須研究自然物質狀況之變動。當自然物質狀況，如氣候、如土壤、如動、植物、如交通機關等，皆予人類以行動之利器，並予人類以行動之限制。吾人並須研究人類自造之物質狀況之變動，蓋此種狀況已具永久性而成為一種新的人為環境也。此種自然或人為狀況中有無演化之跡，吾人須研究及之。

最後吾人對於上述諸種事實既皆加以抽象與外部之比較，於是不能不進而研究生物學上正當之演化，此即個人本身之變動是也。此問題蓋即創造經濟生活之人員問題。人物中有變動否？如舊人之凋謝、新人之引進，或人數之增減與個人地位之變動。吾人唯有如此，方可認識演化之性質。吾人可以瞭然在各個人中有無一種真正的物質的生物學上的繼續性，或者各個人曾否變動，此種繼續性是否純屬主觀。

各種演化——習慣、組織、物質、環境、人員——既已決定，而又有一困難發生焉。吾人對於演化既加分析，對於演化之全部將如何表示之乎？事實如何排列乎？此處編比上之困難，世人對之初無一致之解決。

假使吾人意在作一種經濟事實之專篇論文，則吾人不能不用一種部分之綱要；吾人所能表示者僅經濟生活中某一特點而已。此種綱要當然屬於某一種習慣或某一類方法與制度之志在結果者之研究。事實之選擇將以此種結果為標準，蓋一種動作之結果，原由動作之目的產生而來，而此種目的（即所謂動機）則為駕馭所有經濟生活之現象。與其研究木器或皮器之演化，不如研究軍用物品之演化之為愈也。

吾人如欲研究社會之全部，則非綜合同一人群中之共同組織及習慣不可。其困難在於決定何類事實可視為經濟生活上之中堅。通常人群之可得而名者，皆屬政治團體之在共同政府或國家下者。然經濟連鎖不盡與國家連鎖相符。就理而論，吾人以國家界限為分配經濟事實之標準。然除非吾人已斷定經濟之連鎖之足以構成真正之經濟人群者，則吾人除適用研究他種現象必須之綱要外，別無他法；吾人至是將以一個民族、一個國家或一個地理區域為骨格，唯吾人對此種權宜之計仍須注意其實驗與臨時之性質也。如編比經濟組織史仍不能不以政治史之骨格為骨格，如吾人敘述農業史、工業史、商業史、資產史，仍不能不加以英國、德國、希臘之國別，則所謂經濟史者，仍未能建設經濟上共同一致之性質。如經濟史而已具共同一致之性質，則其編比事實自有其骨格，不必乞靈於政治史矣。

二、特種演化之條件——生產——轉移——分配

經濟演化之研究以三種經濟行動為其特別之條件，即生產、轉移及分配是也。吾人可以下述問題說明之：

㈠關於生產者，其演化出自：*1.* 生產者所抱之目的；*2.* 便利生產作用之方法；*3.* 生產進程之技術；*4.* 各種職業之分工。

繼此種特別問題之後者有綜合問題。全部人類在各種職業中，其分配之演化如何？其比例是否常在變動？各種物品生產量之比例上有無演化？在工作方法上及分工制度上，各文明之人類有無一種共同普遍之演化？各時代之人類有無一種公同永久之演化？

㈡關於轉移者，其演化為：1.運輸方法之變動；2.商業大道之變動；3.運輸人員組織之變動；4.交換方法之變動；5.中心分配之變動。

於是再有綜合問題。運輸及商業方法之分配有無一般之演化？運輸或屬於商業之量的比例有無演化？僱用人員之比例有無演化？一般商業制度上有無變化？數個人群間或人類史上有無一種共同演化可以追溯？

㈢關於分配者，有分配方法、享用方法及轉移方法等之演化，有各種分配方法及享用方法中實物分配之演化。有同樣個人中實物量比例之演化。

至於綜合問題。分配享用及轉移制度中有無一般之演化？數民族中有無一種共同之演化？人類史中有無一種繼續之演化？

三、瞭解演化之條件——用比較法確定習慣之變動——新陳代謝所產生之演化、確定之困難

吾人欲瞭解變動，不能不先知各連續時代同一人群二種以上之狀況。再研究此群之自此種狀況達於另一種狀況之方法為何？於此乃發生原因問題，所謂原因即產生變化之條件也。確定此種條件之方法如下：

㈠直接方面，撰著史料之觀察者具有知識——或不如稱之為之為印象——以為某一種事實為變動之原因遂如此筆之於書。普利尼（Pliny）嘗曰：「**Latifundia perdidere Italian**」，意謂彼之印象覺廣大之領土已不復種麥，而自由農民均以奴隸、牧童代之矣。吾人所有歷史中原因之知識，蓋以史料撰人之敘述為主要泉源也。

㈡間接方面，既分別確定史料中之各連續狀況，吾人比較變動前與變動後之事物，而推定此種變動必源於此種事實，而且名此種事實為原因。吾人試研究羅馬人治理下之人口情形，即可以為鑑。當武功未盛以前，自由民之人口甚眾；至安多尼時代，則奴隸之鄉居者人口較多；及五世紀而人口甚稀。據此，吾人乃得推言羅馬武功之結果，為以奴隸代自由農民，而奴制實為人口減少之原因。

第一種困難在於建設兩個時代所產生之變動。確定變動之方法有如下述：

第一例——吾人見及某種行為或顯著事實之足以產生直接變動者，出諸行事者之志願。此在政治生活上最為常見之事。如戰爭也、首領命令也、法律也、革命也，皆是。在習慣上及社會事實上則殊為罕見，僅於一般事情，如征服或侵略之類，其影響及於全部之生活，甚至社會生活，而此亦即欲研究變動之意義者所宜認識者也。

第二例——吾人比較兩個時代之習慣、社會系統與狀況時，而見及習慣系統或狀況之變動；此即編比數目表或圖解所用之方法，此法甚至可以應用於有質無量之知識。吾人如比較一八二四年時與現代之英國工人，不難確定職工會所產生之變動也。

真正困難在於能比較各時代中之同一人群。唯未嘗見及習慣或組織而加以比較，且其所比較者，非各時代之習慣或組織，乃各種不同人種之習慣或組織，至為危險。嚴格而言，唯有各時代中之同一個人，方有比較之可言。比較相隔一世紀兩個時代不同而名字相同之人群，如國會或職工會，吾人實並非比較兩個連續時代同一具體人群之全部也；蓋一八〇〇年國會中及職工會中，在一九〇〇年久已不存，而吾人所比較者，乃兩種抽象、兩種形式而已。吾人若視此種抽象之形式為具有人格之物，視同有機體根據內部力量而演化，實甚危險。此不獨視社會為一種真正有機體者之錯誤，即研究特種事實現象之歷史家亦多有此種錯誤。如語言、如法律、如教會、如制度等演化之想像，均為歷史家所不免。唯有研究事情之歷史家方得逃去此種幻象，蓋此輩研究之目光不能不注於個人也。

第三例——吾人確知一群中人員之變動，因群中個人之新陳謝代之故，全群亦因之而漸生變動。此殆演化上之正軌。人類固不願變更其習慣或組織者，然而不能不變者，群為之也。群中之人漸漸去世或退出，而行為不同之人起而代之。此種事實在生產機關中最為顯著。最足以促進工作進程之變動，莫若工人之更換矣。

有時群中人員雖並不死亡，群中新人員亦別無與舊人殊異之思想或行為，而變動之事仍可遇到。如人員之移動而加入另外一群，或原群中有新人員之加入，皆足以產生變動者也。如人數有一定之團體，一旦人數增加，則其組織上必生變動；雖形式依然如舊，其作用已與舊日異矣。美國下議院因議員人數增加而產生變動，即其例也。

第四例——物質上之實物，如耕地、堤塘、道路、房屋等，或如動產、錢幣、資本等，或因積聚、或因代謝而影響人類生活上之物質狀況，使生變動。

所有逐漸之變動均極難確定，蓋人或物之新陳代謝其跡甚微，初無顯著之變動也。然此種困難，在各種歷史中並不盡然。凡個人行動之極其顯著者，或史料上常敘明行為者之姓名者，在此類事實中，困難較少。如美術、如科學、如原理、如政治生活，皆屬此類。在史料中，吾人可以見到政治家、學者、美術家等先後相繼，蹤跡甚明。至於語言、私人習慣或宗教，則確定之道已屬較難，然吾人仍得窺見個人之影響，並探知產生變動之時期是否與此等活動時代相符合。最困難者莫過於人口學上或經濟學上之社會事實。吾人於此每不能見及具體之變動，僅能見及現象之繼承。蓋史料於此，未嘗以世代新陳代謝之跡明示吾人也。

此種具體變動既不能確定，故欲以歷史方法研究社會事實之原因，益形困難。史料罕有述及此種事實演化之原因者，蓋此種事實中之顯著行為甚少也。除因技術上之發明而產生革命外，其變動大都遲緩而繼續。而吾人如欲以推理方法施之，甚為危險，因吾人無法求得變動上最有力之原因也。此最有力原因即個人之變動是。故吾人而欲發現社會演化之原因，必須格外審慎也。

是故社會史有其特殊之困難。有屬於史料性質上者：材料較少，且較易錯誤，蓋所記事實皆不甚顯著者，且多係非觀察所得者；而且所記事實皆屬諸外部者也。此種史料且亦較為難持，蓋吾人與事實真相之間，有撰人思想為之阻隔也。有屬於社會歷史編比之性質上者，難於量數之決定，難於種類之辨別，難於演化之獲得。此種困難足以說明社會歷史上之種種缺陷及錯誤，社會歷史編著之不能進步，蓋非無因矣。

第十七章　各類歷史聯合之必要

一、靜的研究——事實之連鎖——孟德斯鳩——德國派——習慣之共通性、集合行動之共通性

吾人至是尚須說明社會歷史與一般歷史之關係。然吾人於自問明瞭此種關係，是否果有益處之前，須事先明瞭此種關係之研究在事實上之重要。

一種科學之構成，唯有分別研究各類事實之別於他種科學者，此吾人之經驗所詔示者也。蓋唯有用此種方法，而後方可抵抗以綜合眼光研究宇宙之天然傾向。人類精神之自然進步在欲瞭解世界之原質及萬物之始因：在希臘與在印度同，科學之原始形式即為形而上學。自各種專門科學創始以後，此種混亂方始解除。各種科學各自獨樹一幟而且始終與鄰近之科學不相混合。機械學、物理學、化學、生物學，其領域雖屬相同，然各自有其獨立之資格。

吾人能否以同樣方法施諸研究人類現象之科學乎?此合理之問題也。吾人能否別社會歷史於其他歷史乎?吾人欲解決此問題,須先研究作歷史資料之人類現象究在何種狀況中?然後決定吾人能否將某一類事實同化而成一種獨立之科學,而成歷史之各支。否則吾人須知對於此種歷史智識之特性應加何等之注意。

研究人類現象之必要工作有二:

㈠同時事實之研究,目的在於描述某一時代之社會,此即一部分社會學者所謂「靜的」研究是也。

㈡連續事實之研究,目的在於依時間之先後描述演化之情形,此即社會學者所謂「動的」研究是也。

所謂靜的研究,即描述在某一種狀態中之人類現象也。吾人欲研究此種人類現象,必須分析人類活動之全部表示,及人類生活之全部物質狀況,依其性質分為數大範疇而分別研究之。例如語言、美術、宗教、生活方式、法制或制度、政府等。至於物質狀況,吾人亦可提出人口狀況、道路制度、農田等而分別研究之。然所有此種描述均屬抽象,其所述者,在科學知識上固甚精密,然僅係一種人類活動或一種人類狀況而已,與他種活動及狀況完全分離者也。然就事實真相而論，各種活動並不完全孤立，蓋各種活動係同一人或同一群之行為。宗教上之行為方法或思想方法不能脫離科學上之思想方法而獨立。政治習慣不能脫離經濟習慣而獨立。反之亦然。凡源出於同一具體渾淪之事實，皆有互相關聯之處，此在所有事實真相上莫不如此，而在生理學上尤為顯然。然在人類行為上，此種連鎖尤為密切。蓋活動愈複雜，則同一人各種活動間之互相關係愈深也。

同一社會各種活動之連鎖，與研究人類各種科學之連鎖，其為物如何，古人未嘗有明白之規定，蓋因研究人類之科學在分析上進步甚微，或太過於形而上學也。此種連鎖之研究至十八世紀時始見端倪，其時所謂歷史者正開始構成。福祿特爾（Voltaire）對此未嘗言之，蓋彼之心思明瞭而謹慎，足以使之專在分析研究上用功夫也。孟德斯鳩對此已具有一種觀念，然仍屬混亂而狹隘，限於與彼有直接興趣之一類事實而已——即法律是也。彼曾研究立法制度與社會生活全部之連鎖，彼或未嘗將人類法律（立法與法律）與科學上之定律辨別清楚也。所謂科學上之定律，即彼所謂「源於事物性質而生之必要關係」也。

此種必要連鎖之觀念，實倡於德國之海爾得爾（Herder），其形式為半含玄學性之哲學。此種觀念傳至其門徒而益形精密，如愛哈好倫（Eichhorn）、薩維尼（Savigny）、尼蒲爾（Niebuhr）輩，即德國所謂歷史派之創造者，其研究尤注意於法律與其他活動之連鎖。所謂「連帶性」（Zusammenhang）之觀念即由此形成。同時並又雜以一種半含玄學性之「民族精神」（Volksgeist）觀念，藉以說明同一民族各種活動之共通性。

至十九世紀時，人類各種現象中之共通性觀念漸形顯著，唯極其遲緩，蓋因海格爾（Hegel）以一種玄學程式——在歷史中所實現之「觀念」（Idee）——說明共通性，其阻止吾人明確共通性觀念之機械作用為時甚久也。史學上此部分之理論及方法論至今尚未完全解明，各種現象共通性之機械作用亦至今尚未完全為世人所瞭解也。

吾人似可辨明兩種之進程：

㈠同一個人之各種習慣中含有共通性。人與機械不同，並無各部分獨立分離各司特種工作之理：吾人不能分一個人之習慣為哲學上或科學上之思想、宗教上之信仰、道德上之觀念、衣服、居住、時間分配、娛樂、治人或服人之種種習慣。其實人也者，為一個繼續之渾淪，所有活動莫不由同一大腦中樞而出發。其從事科學也、美術也、信仰也、政治上、經濟上以及私人之行為也，皆同一個人也。此公共之中心同時指導兩種之作用，此兩種作用足以構成一人之行為及其在社會中生活之全部。其一為彼之表示（觀念與動機），吾人稱之為智慧；其二為彼之衝動，或即外表之行為，吾人稱之為活動。

吾人不能將一人之表示分為各種完全獨立之思想也。各種思想形成一個渾淪，其中可以充滿論理學上之種種矛盾，然大部分實際上重要之觀念則在心理上均互相聯絡者也。吾人智慧之領域，並無一定之界限專供某一類活動之用。所有思想均可應用於幾個領域之上。而且此不僅一種道德觀察為然也，即一種特殊之思想亦能影響所有各種之行動。朋友會中人之不結鈕釦、猶太人之不食豬肉、基督教建築家之用十字架，皆係對於聖經文義有一種特別解釋之結果。茶、菸、酒等影響生理之科學觀念一生，英國關稅制度及法國賦稅制度為之一變，其理與上述者正同。某一種特殊觀念其影響及於人類生活各方面者，為例固不勝枚舉也。

內部衝動之影響於個人者——既吾人因未知其究竟而通稱為品性或氣質者——並非與一類特殊行為有關之一類特殊衝動。此理尤為顯著。吾人本無所謂科學上之衝動、宗教上之衝動、經濟上衝動、政治上之衝動。各種衝動之一貫性極其顯著，各人各有其特殊之氣質，在其無數活動中表而出之。用範疇類別一人之行為，純屬抽象。此僅係一種研究之方法而已，與個人內心之真相並不符合。故吾人所謂美術上之活動、宗教上之活動、經濟上之活動或政治上之活動，僅指行為之結果而言，而忘卻其出發點，即行為之生產是也。就實際而論，吾人祇有全部活動之中心。天然氣質每以同一品性賦予同一個人所有之表示。此種共通性至今尚未經由系統之研究，吾人僅於比較一種極野蠻人與一種極文明人時方明白見之。然同一個人或同一人群之各種行為中，必有一密切之連鎖，殆無疑義。此種連鎖如此密切，故吾人每易視之為源於一個特殊之原因，即所謂個人或民族之「精神」或「天才」是也。此種名詞實甚混亂，半含玄學性而且反科學之名詞也。吾人如忘卻此重要之元素，即無瞭解人類事實之希望，此則可以斷言者矣。

人類除自然氣質外，尚有由教育或模仿得來之活動。此種活動較自然活動為易於辨明，蓋吾人可以目睹其獲得之情形也。至少吾人有時可以目睹被受教育或開始模仿之人。此種由教育或模仿得來之活動顯然有影響於個人之全部。自特殊行為得來之習慣，如書法或服裝之類，其影響或甚輕微。然自普通行為得來之習慣，如無抵抗而命令人、不考慮而服從人、運用武力或欺詐以待人等，則其影響甚為重大。凡各種習慣之足以影響各種極不相同之活動領域者，如宗教、經濟、政治等，必能在同一社會中之宗教、經濟、政治等習慣上建設一種穩固之連鎖。耶穌會之教育制度養成學生某幾種宗教上之習慣，遂使若輩傾向於某幾種之政制，其著例也。

㈡其他一種進程為同一人群集合行動中之共通性。人群當然與動物不同，人群之所以聯合者，無非因其生活上有一部分之共通性耳。故吾人若預斷同一民族中人有一完全之共通性，則必陷於反科學之境。然一種民族並非僅根據一種制度而聯合之人群也。人群之數並不如人類活動種類之多。吾人並無所謂宗教群、工業群、商業群、政治群。事實上，凡同居一地接觸頻繁之人所組織之社群，其活動之範圍大致相彷彿也。

在此種集合行動中，吾人必須假定其有一共通性。此種共通性之確定較個人品性為難。此為社會學上爭執最烈之一問題，曾有人欲以形而上學之假說，如「民族之天才」或「社會之靈魂」等解決之。在此種集合事實之複雜狀況中，吾人甚至不能辨明衝動之觀念。即在集合行為之組織中，如分工制度、商業、政府等，是否尚有自教育或模仿得來之觀念以外之事物？人群是否有一種自然之衝動、一種集合之氣質，或至少在同一民族苗裔中公有之氣質，使之採用某一種社會之組織？例如一種階級政治如天主教會，一種代表制度如代議政體，一種屬身關係如封建制，一種抽象規定如民主社會。吾人於此而欲辨明各種習慣之氣質，幾不可能矣。

是故吾人所能得到者，不過一「某種事物」之混亂觀念而已，此「某種事物」或係觀念，或係一種氣質，或係習慣，其力足以使一個民族採用某一種之社會組織。然試問此種觀念或習慣屬於何類？屬於個人乎？抑屬於全體乎？世人必答曰：此蓋「集合之意識」耳。此問題至今尚未經切實之分析研究，吾人尚未確定在各種集合機械作用中，其相互間之影響為何？故吾人無權可以規定一般之解釋。然此種相互間影響固甚顯著也，凡屬教會、政治、經濟等之各種機械作用，其聯絡至為密切，故吾人欲研究其一種，不能不去認識其他種，或至少須略知其大概情形。

經濟組織既與他類歷史事實有連帶之關係，有時為其原因，有時為其結果，則吾人顯然不能將經濟史之知識與其他歷史之研究分開。為實際上必要起見，吾人固不妨將經濟史暫時分離，先分析經濟事實以便確知其詳情。然吾人不能不綜合其他事實以明瞭其在社會中之地位。是故吾人欲以一種純粹分析方法研究社會之現象實不可能。欲工作無誤，吾人必須注意各種觀念中及各種行為中之共通性，與各種集合機械作用中之共通性。總之吾人固當先將現象分析而考證之，然亦須綜合現象以瞭解之也。

二、演化之研究——各種變動中之連鎖

動的研究在於決定各種現象之演化，再決定各種社會之全部演化，最後乃決定人類之一般演化。先研究各種活動之連續變化，審其是否在同一意義中進行。如果見有演化之跡，則研究其性質為何？其速度如何？其方向何指？然欲真正明瞭演化，非追溯其原因不可。然吾人如以研究歷史中之特殊支派為限，如吾人僅僅研究語言演化史、風俗演化史、宗教演化史、商業演化史等，則人類演化之原因何在，必不可得。蓋吾人不能假定某一種特殊演化之原因必在某一種特殊之活動內，吾人不能謂語言變化有語言學上之原因，商業變化有商業上之原因也。實則人類各種活動之共通性極其密切，故在一種活動中，所有重要習慣之變動，勢必引起他種活動中習慣之變動。宗教上或政治組織上若有變動，其影響必及於經濟習慣，蓋勢所必至者也。

此各種變動中之共通性，並足以說明某一時代同一社會中各種現象之共通性。當一人或一群變更其某一種活動之習慣時，則其觀念與行為之全部必有所變化；甚或在另一種活動中產生一種重大之變動。集合機械作用之變動，實為演化上較為有力之原因。一

種政治組織之變動，其影響及於一切生活上行為。如科舉廢而進士舉，人之迷信自淡，帝制倒而宗潢貴胄之尊榮不存，是已。故西方史家若法國坦納（Taine）者，甚欲以英國政治組織之變動，說明所有英國文學之演化也。

至於社會全部演化之研究，此種研究本身即屬一種全部之研究。吾人研究一個社會之演化，唯有綜合各種不同之活動而後可，即將各種特殊之歷史合而為一是也。蓋唯有適用此法，然後社會演化之各時代中特殊之習慣及一般之機械作用，方可得而明也。是故研究人口上及經濟上現象之歷史不能與他種歷史分離。吾人欲瞭解此類事實之品性及其在實際上之地位，非綜合其他人類現象而加以研究不可。

三、綜合事實之方法——專門家及通史家

綜合研究，其進程有二：

㈠專門研究社會史之人可在其他歷史著作中領略其他重要之現象。此在實際上必以讀之有益之歷史著作為限，方屬可能。故於抉擇其他史書之際，不能不求一指導。此種指導唯通史優為之。通史中每能明示何種事實在經濟上或人口上最有影響，吾人因之可

知何種特殊歷史於吾人最為有益。

㈡專門家每以考證一己範圍中之事實為限。此種單獨考證之結果必再有人焉，為之權其輕重而綜合之；此通史家之職務也。通史家必須明白各專門家研究結果之價值如何，然後方得評論其得失。故各種專門家之工作方法如何，不能不有精密之認識。通史家對於各類事實之關係必須具有明白公正之觀念，然後方能權其輕重而綜合之，既不可失其相對之重要，亦不引入主觀臆測於事實之因果關係中。通史家應用極嚴謹之方法，將各種結果秉筆直書，且必先將幾種已知之演化加以比較，然後再斷定各種變動之因果為何。

是故專門家與通史家在此種工作中可以協力進行，而具有科學意義之社會歷史哲學，即由此種工作中出發者也。

第十八章　社會史之系統

一、一貫性之傾向——玄學及形上學之形式——當代之形式——經濟之形式——聖西門——馬克思及其學派

社會史上之事實與他種事實之連鎖，如何決定之乎？現在方法既尚在尋求之中，則吾人欲明定一種積極之方法，為時未免過早。然吾人對於此種研究，切須注意於精神之不可過於疏懈，蓋就吾人經驗而論，吾人已深知學者每有一種自然之傾向，將吾人置諸一種科學研究上必要條件之外，吾人於此不可不慎防之。

在學術中每有一種極自然之傾向，隱在所有形上學之基礎上，此即必欲使混亂之現象具有一貫性是也。在社會史中，此種傾向每每強迫吾人必在所有事實中求出一種唯一根本之原因。

假使吾人在一種有形的形式之下而蒐求此種原因，而且不問其屬於形上學或玄學，將此種原因加諸實際現象之上，則吾人工作之目的無非加一層結構於事實之描寫，有如回教徒所常致之「此為阿拉之意」。此種添加似屬無用，然至少不至於阻礙吾人之窺見真事。即使在事實方向中吾人直接參進一種玄妙之原因，例如造物，吾人即顯然置身於一個非科學之範圍中。然吾人既擯棄此種陳舊之程式，吾人即不免以一種暗藏之形上學代舊日有形之形上學。吾人已宣言排斥世界上外部之原因，而欲在事實本身中尋求此唯一根本之原因。

吾人之自然傾向往往在歷史之一支中，取其一類特殊之事實而稱之為所有其他事實之根本原因。當宗教最為顯著時，吾人即取其時之宗教，維哥（Vico）之著作即以此為其題旨，古朗什之古城（*La Cite antique par Fustel de Coulanges*）亦以此為其根據。迄十九世紀，科學大昌，英國之白克爾（Buckle）及法國之杜波伊累蒙（Du Bois-Reymond）即取此以為其題。

經濟史專家之以經濟生活為根本之原因，固亦勢所必至者也。德國馬克思所鼓吹之經濟史觀原理，即由此建設而成。

經濟史觀之學說，創於法國之聖西門（**Saint-Simon**），彼實可稱為歷史哲學上各種觀念之一大泉源，法國第利（**Augustin Thierry**）之根本觀念即係彼所傳授者也。彼深知經濟狀況，如工作之組織及生產之方法等，大有影響於社會階級之形成，社會階級大有影響於政治之組織。彼視社會組織為一種現象，吾人可以研究之而不產生之，蓋一種脫離人類意志而獨立之自然形式也。彼以為生產方法之技術進步足以變更社會之分配，並且說明經濟上之利害如何與政治組織發生關係。然彼仍復承認人類歷史上之主要原因有二，因之吾人並有二種並行而不相屬之歷史，即經濟史與理想史是也。彼未嘗有志於此二者之貫通，且亦未嘗建設一種整個之系統。

馬克思取聖西門之觀念，據以造成一種特異而普遍之系統，以說明一切人類社會之演化。其理論最初在其雜著中略陳之，嗣於一八五九年詳述於其經濟學批評（*Zur Kritik der politischen Oekonomie*）一書中。最後彼即以此為歷史之基礎。彼於經濟現象中選出一種可為所有經濟組織及所有社會之原因之事實，此事實為何，即生產方法是也，換言之，即工作之形式也。彼以為足以引起他種變化者，實為生產方法之變化，故生產方法之變化，實為演化之最後原因。

此理論由恩格爾斯（Engels）完成之，再由馬克思之信徒整理而應用之。在德國有高資基（Kautsky），在義大利有羅利亞與拉白利奧拉（Loria et Labriola），著有一八九六年出版之唯物史觀論（*Essai sur la Conception materialiste de l' Histoire*），在美國有亞丹斯（Brook Adams）著有一八九七年出版之文明與衰替之定律（*The Law of Civilization and Decay*）一書。

此種理論之綱要大體如下之所述。所有各種人類之事實，如政治、法律、宗教、美術、哲學、道德等，均無非一種社會經濟組織之結果。吾人固應注意其在人類想像中所具之特殊形式，使之有別於經濟上之事實；然皆不過形式而已、錯覺而已、名義而已；即使其現象有時有若變化之原因，實則並非變化之原因也。

所有歷史上之事實，均不過經濟事實所產生次等之結果而已，或甚至單純之錯覺而已。人類往往相信用一種「理想的」概念之名義，以求得政治上、宗教上、教會上之一種變化；若輩殊不知，凡此皆不過一種經濟階級之表象，一種經濟要求之代表人。吾人可用下述程式說明之：經濟為所有社會之基本結構。路德深信奮鬥以建設一種教條，然此種宗教現象不過基本經濟組織之形式而已。路德不過一個德國中產階級之選手，努力反抗羅馬宮廷經濟搾取之勇夫。胡斯派中人亦然，自以為為奪聖餐杯以交諸俗人而奮鬥，殊不知其宗教奮鬥已變為一種乞克工人與壓迫階級之社會爭鬥。

吾人用此法可以說明：何以經濟組織竟能產出道德、家庭組織、奴隸制度及工人之痛苦。此種理論亦有稱為唯物史觀者，實不切當，蓋唯物主義乃一種形上學中之主義也。以物質現象之影響說明社會之演化，既不屬唯物主義亦不屬形而上學，而在論理學上甚至能與理想的形上學相合者也。羅哲斯（Thorold Rogers）稱之為「經濟史觀」，實較為正確焉。

二、經濟物質主義之批評——物質狀況分析之不全——經濟行為與他種行為間連鎖分析之錯誤

此種系統之所以產生及其暫時之所以成功，不特因其理論足以滿足一種自然淳樸之慾望，能將社會納諸一種唯一之原因中，並將文明史變成一種單純現象之演化。且亦因其理論足以代表一種合理之反響，以抵抗舊日純屬文學家、博學家、法學家或傳奇家等等歷史觀念，蓋此輩僅研究文學上、宗教上、法學上、政治上之事實而忘卻或漠視經濟狀況之影響，並即以此種觀念說明所有人類之演化也。古朗什將所有古代城市之演化歸

功於宗教。對於此種純屬理想之概念，當然有人欲以一種唯物概念對抗之矣。

此種反動固有其部分之理由。手工之技術當然大有影響於全社會之智慧及其行為之方法。而且經濟動機在人類行為中，其地位亦當然較史料所能詔示者遠為重要；蓋此種動機，吾人往往密藏於較為高尚、較為富麗之「理想的」動機之下也。然吾人如欲以工作方法之改變說明所有一切之革命，吾人之解釋必極危險，茲故述其缺點如下：

此種系統實出於一種混亂之觀念，以為人類既屬動物，則人類之集合行為與其個人行為同，必具有一種唯物之原因，社會之組織及演化亦復如是。然吾人至少必須明瞭物質狀況之全部情形如何。吾人將知經濟組織並非人類社會之唯一組織，蓋尚有其他數種焉。

㈠自然地理環境及人為環境因其能予人類以多少之便利，故足以決定多種人類之行為，而且引起社會適合於某種之組織。

㈡人種遺傳之生理狀況足以影響人類之衝動、行為，甚至某種集合行為之便利。

㈢人類個人之實際團結，往往依其物質上之特性，如性別、年齡、疾病等人口學上之對象，足以便利或足以妨害某種行為或組織。

吾人欲以唯物之系統說明人類之行為及社會之組織，則所有此種物質狀況皆須注意及之。而且即使吾人之研究過度專門，而以純粹之經濟生活為限，吾人亦無權可以將經濟生活縮至工作之組織而視為唯一之原因。人類慾望每欲以極少之工作得最大之享樂，此固為人類生活上之一大因素，無可諱言；然此僅經濟生活現象之一端而已。經濟生活之標準不僅唯此而已，尚有知識之程度焉、技術習慣之程度焉，其影響於生產之量與質也均甚大。此外並於享樂之選擇上有相對價值之觀念焉。是故經濟生活所包含者，至少有一相當部分之心理現象（知識、技術能力、願望），其影響為吾人所常常感覺者，固無權可以擯棄之也。

最後，吾人即使置心理因素而不論，經濟生活之物質組織亦決不僅限於分工制度、生產方法及運輸方法而已也。尚有分配之習慣焉（財產制度），其存在並不純賴生產之分量而止，尚有其他種種足以創造此種制度之先事焉：如信仰、如道德、如政治，皆是也。

是故吾人即使根本上承認物質生活足以解釋一切社會制度之原理，而唯物史觀之太不完備，則殆可斷言。此種原理蓋絕對漠視大部分之物質狀況，而對於其本欲研究之物質狀況則又加以武斷之割裂者也。

此種理論既專注於經濟之現象，因之對於聯合經濟組織與他種社會組織，如政治、法律、宗教、道德、科學等之連鎖，遂受障礙而無所知。以為所有政治上、法律上、宗教上、道德上之行為均屬經濟組織直接之結果，或僅係獲得經濟財物之一種方法或名義而已。

實際事實之觀察並不能證實此種理論之充分，而此種比論不能不使吾人斷言有多數事先行為非此種解釋所能說明。所有古今來宗教上、科學上、哲學上、政治信仰上之信徒與烈士，其特立獨行之處即在於其漠視物質上之享樂，古代如是，現代亦尚如是，而物質上享樂固經濟生活藉以構成者也。人類活動並不盡以獲得物質上之享樂為目的。一人在經濟組織中之地位，亦並不直接源於其物質上之享受。社會組織並不純為上流階級或上流階級之經濟利害關係而後造成。社會之形成及其變化，除經濟史觀所主張之原因外，尚有多種更為複雜之條件焉。

第十九章　社會史與其他歷史之連鎖

一、決定連鎖之方法——原因及條件

所有系統，為欲說明各種社會現象之共通性起見，不能自承認社會生活之一貫入手，此蓋根據於一種無形一致之必要，違反科學方法之條件者也。吾人無權可以事先假定各種現象之一致，在化學上如是，在社會科學上亦復如是。他日吾人果能在各種現象中證實其有一種隱藏之一致，必在吾人經驗中已有各種不同之事實為之證明而後可；亦必在吾人已證實各種現象間互相依賴情形而後可。是故吾人欲發現社會事實史（經濟史）與他種歷史間之連鎖，非自實驗上之觀察入手不可；而此種觀察所求者，即一種原因或條件之連鎖也。

「原因」與「條件」之區別本通行語中之物。在科學用語中，一件事實之條件為產生此件事實之必要事實；故其為物與原因完全相同。例如當吾人用火燃火藥以裂開岩石時，則岩石也、火藥也、火也，皆條件及原因也。然在通俗用語中——此即歷史中用語——所謂原因係一件最後事實之直接在一種現象前者，此種隨即發生之現象稱為結果。火燃火藥，即原因也；至於條件則為先前之事實，如岩石與火藥皆與結果有同等關係，然其本身不足以產生結果。此種區別純自實驗得來。事先之條件既不能產生顯而易見之結果，故吾人不能驟然瞭解之；唯有最後之一條件甚為顯著，故吾人僅以此一事為原因。其他各種原因非反省後不能發現，吾人遂名之曰條件。在哲學中則適與此相反，吾人往往稱原因為最普遍之條件，即構成火藥之原質之爆裂性是也。

記事之歷史純注意於最後之原因，蓋能予歷史敘述以一種動情興趣者，僅此而已也。歷史家之所以研究條件，蓋因研究社會反映之故耳。就科學用語而論，吾人如將條件與原因概納諸同一觀念之中，則吾人在實際上不能不辨明兩個範疇：

㈠條件或原因之被動者、消極者、永久者、必要者，然又不足以產生結果者。

㈡條件或原因之主動者、積極者、偶然者，而且直接在現象產生之前者。

吾人於此有二類問題：

㈠社會史所研究之事實如何影響其他各種事實（或不如謂為其他各種事實之條件）？反之，其他歷史所研究之事實如何影響經濟之生活？

㈡一種事實及此種事實演化（即歷史）之同樣知識，何以有益於他種事實與演化之知識？社會史何以有益於他種歷史之知識？反之，他種歷史之知識何以有益於社會史之知識？

吾人對於此四問題，先研究社會事實在其他事實上之影響，及社會史對於其他歷史之用途。至於其他事實之影響及其他歷史之用途，當於下一章中詳論之：

試問社會事實本身所及於其他事實之影響為何？吾人於此仍須辨明人口學上之事實與經濟學上之事實。

二、人口學上之事實——物質條件之影響——人類地理學、人類學、物質事實之特點——物質事實為生存之條件，非方向之條件

人口學所研究之事實為物質之事實，為人之生存、數目及分配等之事實（如一地方之人口、人口之密度、年齡、性別、疾病、犯罪、職業等），與物之生存、數量及分配等之

事實（如全部之財富、農田之分配、動物、錢幣、生產工具、運輸機關、道路、運河、鐵道，所有各種出產品之數量等）。

此種事實之有影響於社會生活甚為顯著。無人口即無社會之生活，無生存與生產之方法即無人類之生活。此皆人類現象中不可或缺之條件。人口學上之事實在此種意義中，實為所有歷史事實之「基本結構」。然吾人對於地理學上之非人的事實，亦可予以同樣之地位。無土無水即無耕種，亦即無人類之社會。吾人其能因此而謂地理學為社會之根本原因，而歷史事實之原因即在地理現象中乎？此即「人類地理學」之題旨，而德國拉最爾（Ratzel）所欲組成為科學者也。

若加以精密之研究，則此種科學之前提似大有討論之餘地——至少吾人可將其主旨另以下述同義之言申說之：即「凡人類不能生存之處，人類不能生存」是也。地理上固有某種狀況足使某種人類之組織無法存在；如在冰河之氣候中，欲種橄欖實不可能，然此純屬消極者也。地理上固亦有某種狀況足使某種組織可以實現；如有海口者可有海船，然此純屬實際者也。實則人類地理學上之定律無一以歷史為根據者，亦無一有歷史為之證實者。吾人欲享「人類地理學上之定律」之權利，吾人必須能言「某一種地理上之狀況必能產出某一種社會之事實」方可。然此則永不可能者也。試證以事實，在同一地方，有同一之地理狀況，而各時代所實現之社會狀況則往往極不相同。例如十四世紀時之英國，其土宜與氣候與今日完全相同者也，然在當時則為牧羊之地與今日之澳洲無異，既無工業，亦無商業，亦無航業。

吾人之以人類學說明民族之歷史，其情形亦正與此同。吾人以為某種人類學上之結構必將引起人類中某種社會之組織與某種之行為。各民族之生活與行為為其人種之結果。希臘人種必擅長哲學與雕刻，德國人種必富於自愛其母國之精神。德國薩維尼（Savigny）及其「歷史學派」將各種不同之制度歸功於「民族精神」（民族天才）之不同，法國泰涅發展其著名之人種理論，即根據此種學說而來。此種推理之缺點甚為顯著。即使吾人承認人種有遺傳之氣質，為某種組織或行為不可或缺之條件——如唯有希臘人有造就希臘雕刻之氣質——無論如何，人種說之不充分則可以斷言，蓋在同一人種中，祖宗與子孫之生活並不相同，希臘人在西元前七世紀以前並無雕刻之可言，而在羅馬帝國時代則竟不再產生矣。

以上所舉人類地理學與人種理論之兩例，足以表明吾人決不能純用社會中人類之物質狀況說明人類之各種現象。物質狀況固屬不可或缺之條件，然不足以產生一種現象也。人口學上之事實亦然。例如稠密之人口多於每一百方基羅米突，僅有一人者，當然為一種民族開化之必要條件。然在密度相同之人口中，其相異之處或且有較密度相異之人口中尤甚者。例如比利時為人口稠密之國家，反與人口較為稀少之挪威或美國相同之處較多，而與人口稠密相同之孟加拉或埃及相同之處較少。吾人決不能自人口密度中提出結論，以斷定其他任何一種之社會現象。吾人所能斷言者，至多為何種現象為可能，何種現象為不可能而已。然同一條件可含有兩種相反之可能性也。例如人口繁多，一方面有移出國外之可能，一方面亦有集合於一處之可能，一方面有建設各種工業之可能，一方面亦有限制消費至最低限度之可能。吾人固不能事先預言究竟此種相反之解決中，何種將實現也。性別、年齡、疾病、職業等之分配亦復如是。財富與經濟行為之方法等，亦僅屬行為之可能性，而不能產生行為之本身；此種事實甚至對於擁有財富之人亦未必能產生必要之影響。貧富與否，當然不能謂其與一種民族無關，然或貧或富不能使吾人預料其將來所取之方向為何。一種民族之活動決不與其財富成任何之比例，正如移民國外，並不源於人口數目之多寡也。

是故人口學上之事實，充其量不過一種社會組織生存之條件，而非其直接之原因。此種條件之演化能為他種事實相當演化之主要原因，僅在其能使此種事實之存在為不可能而止——例如人口之消滅；或使前此不可能之事實成為可能而止——例如一種新人口之建設。然除此種極端情形外，人口學上之事實，對於其他人類之事實並無一定之影響也。

三、**經濟事實**——研究此種事實在社會上及演化上之影響之方法

所謂經濟現象，其主要者為工作、分配及生活狀況等之習慣與規則。

㈠關於生產之事實，專門技術與耕種器具、工業、運輸、分工及隨分工而來之人類專門職業。

㈡關於評價之事實，價值、市場、交易、商業、信用。

㈢關於分配之事實，產品之分配、財產、資本、租金、工資、轉移及契約。

㈣關於消費之事實，及因分配事實而來之人類生活狀況；此為各人財富之分攤及消費，並因此而發生各種貧富不同之社會階級。

此種習慣與規則，在生活之其餘部分究有何種之影響耶？吾人可觀察現代社會之情形而論證之。吾人已確知一人之特殊職業，其維持生活之方法，其在社會財富中所享受之部分，其本人及他人對於行動及享受方法之觀念，以及其消費之組織等——凡此種種在其所有他種之行為，其政治生活、理智生活以及一般行為上，均有甚深之影響。然吾人切須注意具體之事實，不可以一種抽象之行為，為能影響於他種之抽象行為也。例如吾人不能以經濟組織之行為，為有影響於政治之組織或法律。吾人須用實驗工夫以研究各種習慣與狀況之影響如何發生也。

(一)就個人論，一人在經濟生活中所取之習慣及其所處之物質狀況，如何影響其他種活動乎？此種習慣與狀況能予以各種物質的方法使其獲得有利於他種活動之物品，如動產、衣服、美術品、教學方法是。此種習慣與狀況能操縱其專心致志於他種活動之時間與便利；亦能予以與他人接觸之機會或使之孤立；亦能發展或耗費其對於他種行為之興趣與能力。吾人對於此種不同之行為方法加以研究之後，吾人方可依據經驗以明定職業、工作、餘暇、享樂、財富等，在各種不同之單獨現象上——無論其為私人生活（習慣、風尚、娛樂）、理智生活、實際道德，或甚至政治生活——有何種之影響。吾人將見有一種職業上或生活標準上之自然傾向於某種習慣、信仰、美術、道德及政治活動之形式等。

㈡就團體而論，吾人必須研究經濟組織之集合習慣與規則，在同一生產或運輸團體中各人工作之分配，執行機關之組織，即主持之人員及其職權、行為方法及補充；價值與交易機關之組織，即決定價值與交易規則之人員及其行為之方法；產品及財產分配機關之組織，即決定財產與享受規則之人員，社會階級及各階級間之關係。吾人亦須研究各機關中之屬員及主管者在其他非經濟之社會階級中——如中央或地方之政治團體或宗教團體等——占有何種之地位；此輩在此種團體上之行動其方法為何；其對於公眾規則（風俗、權利、判決、法律）及行政之組織，有何種直接之參與；其對於他種活動之受制於風俗或法律者，此輩間接之影響為何——在其實際經濟生活中，何種集合組織之習慣由此輩引入政治生活或宗教生活之中；何種經濟利害為此輩所欲厚待。此外，並須研究為決定價值而建設之經濟集合組織，其及於政府之影響為何——主持市場之人員如何影響及於政府中之人員；在產品分配中，政府人員與國家賦稅之地位如何規定。最後並須研究社會中有無根據經濟基礎而組成之階級。

吾人不僅須根據經驗決定在某一時期中，經濟習慣與組織如何影響人類生活之全部，並須研究經濟生活之演化，其影響之及於他種演化者為何。依經驗的方法而論吾人應在歷史上已知之經濟生活中，比較各種不同之演化，以察其是否常隨有他種活動之演化。例如在工作之技術上或分工之制度上發生一種變化時，是否有一種理智生活、風俗、法律及政府組織等之變化隨之而起？又如一種變化之產生是否常常源於價值決定方法上、交易或信用方法上，或產品分配方法上，或社會階級區別上，或各階級關係上，起有一種變化之故？

就經驗而論，吾人未嘗見有一種經濟組織之單純演化，在各種不同之社會中，永遠隨以他種組織之同樣演化。吾人所見者，則有時果有此種互相關聯演化之產生，而有時則無之。各種演化間之連鎖在古代與在現代並不相同，在基督教社會中與在回教社會中亦各不相同。吾人如欲研究其一定之相互關係，吾人必須分析彼引起演化之各種條件，以便決定經濟之特殊影響為何。

是故吾人無權可以事先斷定社會事實——無論其屬諸人口或屬諸經濟——對於他種事實具有特殊之影響。此種事實不特不如經濟史觀學者之主張，視為唯一根本之原因而占有例外之位置。實則此種事實之地位適與經濟史觀之主張相反，並非通常所謂原因，實僅社會一般生活之消極條件而已。如無此種事實之產生，他種事實將不可能；如無人口或經濟工作，將無社會之存在；一個社會欲在各方面均有相當程度之活動，當然不能不先有相當之人口及財富。然此皆不過生存之條件而已。一旦社會具有此種條件以後，則其一切活動，如宗教、道德、科學、政治生活等所取之方向，均將以社會事實以外之他種原因為其標準。而此社會在各種活動中之演化，亦均以社會事實之演化以外之他種原因為其根據。普通意義中所謂原因——即產生社會顯著變化及指示社會方向之事實——並非經濟事實也，乃他種事實也。

吾人須知在人口上或經濟上之一般狀況中，所能獲得者僅消極之條件而已。欲決定歷史上各種演化之積極原因，非注意他種現象不可。至於社會事實本身所及於社會全部之影響如何，吾人僅能依經驗之研究而決定之。此種研究即各種經濟事實之分析研究也。唯有此種研究，方能建設所謂科學的「經濟史觀」，而所謂科學的「經濟史觀」，即研究經濟事實所及於人類演化之影響者也。

四、社會史在歷史知識中之地位——統計學之地位——經濟史

吾人於此尚須一論，社會史上事實之知識對於他種歷史之知識何以必要。

㈠人口之統計對於他種歷史是否必要？無論如何，此於定性之歷史絕不必要。吾人之研究一個社會之理智生活（如語言、美術、科學、宗教等），其私人習尚或權利，甚至其政治組織等，均無明悉此社會人口數目之必要。實際上，吾人對於上古時代及中古時代之人口雖絕無確定之觀念，然對於此二代之歷史未嘗不瞭解之。然若吾人欲求定量之知識，則人口學實為不可或缺之物。如吾人不知社會團體數目之重要及各政黨人數之比例，則政治組織史即不完備，古代制度史之大缺憾即在於此。如吾人僅欲研究他種演化之特點而不顧其比例，則人口現象之歷史——即人數之演化——即無研究之必要。然此種研究足助吾人瞭解因人口運動而生之各種變化，政治上之變化尤為如此。如吾人欲在現象中表明演化之實際上重要，則此重研究亦屬必要。吾人可以不求助於人口學而瞭解奴隸變為佃奴及騎士變為貴族等演化之性質。然吾人欲明瞭此種演化在各地方與各時代實際上如何分配，則數目之為物，又屬不可或缺矣。

㈡經濟史對於他種歷史之所以必要，蓋因經濟事實及其演化為他種事實之條件，而又為他種事實演化之原因故也。理智史可不需此，蓋吾人不必表示其物質行為之方法也。凡信仰、科學、主義、美術等研究，亦莫不如此。然吾人決不能研究風俗史、制度史、法律史、政治史，而不注意經濟生活之一般狀況及重要之變化。是故經濟史者，制度史及事實史必要之輔助科學也。

第二十章　單獨事實及於社會事實之影響

一、問題之位置——經濟事實及人口事實不同之範疇

研究社會史對於他種歷史之用途，實即研究他種人類活動及其演化在社會生活上及社會演化上（經濟上及人口上）之影響，而他種人類生活史對於社會史之貢獻，即由社會生活及其演化而來。是故吾人可以因此斷定，實際上有功於社會事實史之一般或特殊歷史知識之為何。

吾人於此先分別討論單獨現象（行為及思想）之影響，再討論集合現象之影響。

試問單獨事實對於社會事實之影響如何？當吾人分析社會事實時，必先明瞭此問題之意義。吾人曾謂吾人討論經濟現象時，不能囫圇吞棗（經濟結構係一種危險之暗比），應依經驗描寫之，以便瞭解其真相。世間並無全部經濟結構而受他種特異現象之駕馭

者，正如世間並無全部經濟組織而受一民族全部政治組織之駕馭者然。在一社會中，必有其經濟習慣之系統及經濟生活之集合組織。吾人欲研究經濟習慣及組織對於他種事實之影響，必自每一種特殊習慣與組織入手。是故吾人必須注意此種全部習慣及組織之系統精神。

㈠生產及運輸之技術方法、各種工人（包指導者在內）間集合組織中之分工。

㈡規定價值及代表價值之方法、交易之方法、商業之組織、錢幣及信用。

㈢分配之方法、貨物及代表價值之轉移方法、財產及契約制度。

㈣依據職業及其在價值分配中之地位而發生之社會階級。

至於消費問題，普通討論時往往歸之於經濟事實中；然此乃美國學派之理論，而以消費之影響為根據者也。其在歐洲，則消費習慣之歷史始終為風俗史之一部分。

人口上之現象亦然，非分析不可，蓋吾人不能不分別研究他種人類現象對於人口上每一種現象之影響如何也。是故吾人必須辨明：

㈠人口之總數。

㈡人口之密度及其分配。

㈢性質、年齡、性別、宗教、教育程度之比例。

㈣人民之移動、生產、死亡、婚姻及遷徙。

㈤各種災害、疾病、犯罪、自殺等。

對於每一現象，無論其為經濟上者或人口上者，吾人應有下列之問題：其影響之及於他種現象者為何？其產生也，根據何種理智上、私人或政治上之習慣與組織？其物質上或心理上之機械作用為何？當吾人研究其演化時，換言之，即研究此種事實之歷史時，吾人須問究有何種理智上、私人或政治上之變動產出或有影響於經濟上或人口上之變動。此種有系統之考問，足以阻止吾人不致在經濟事實本身上蒐求此種事實及其變動之解釋，亦不致比較各種統計表以決定社會演化之原因。

單獨事實對於社會事實之影響，其形式有二：

㈠最重要之形式為普通之習慣。

㈡其次為特殊之事象。

二、習慣之影響——理智習慣——信仰——知識——物質習慣——私人生活——消費

同一群中個人之普通習慣，或係此群中全體（或多數人）所承受之概念，或係其所舉動乃模仿同一模範而再舉之行為。吾人可以分之為二類：

㈠理智習慣，此中主要之部分為一種理智之概念，物質行為僅屬一種象徵，其目的即在表示此種概念（信仰、美術、科學、主義）。

㈡物質習慣，此中主要部分為物質，其理智行為僅在指示物質之行為（營養、衣服、居室、娛樂、禮節）。

在理智習慣歷史中，吾人必須研究對於經濟生活組織上有相當影響之習慣；換言之，即能限制經濟行為或組織（物品、產品、分工、運輸、道路、商業、財產）之習慣。

㈠信仰。吾人可以事先料到信仰之在個人一切行為上必有重大之影響，蓋各人生活皆依其對於世界及其個人在世界中地位之一般概念而定者也。

此種概念直接影響於其各種之行為，因之影響於各種人口學上之元素，蓋此種元素如居處、遷徙、生產、婚姻、自殺等，皆由人類志願發出者也。（例如吾人常見所有此種

事實如何根據宗教而發生）。此種概念亦影響所有經濟生活上之事實，此種事實蓋發生於社會中人之選擇，而對於物品及功用之估量與價值，影響尤大。祭司或巫覡職務及宗教上儀節之所以繁忙而取值高貴，即此種信仰之結果。就消極方面而論，此種概念亦足以限制生產及分配，因其以某種行為為不潔或與某種生物發生關係在道德上或宗教上為不潔故也。例如酒也、豬肉也，當受宗教或道德禁止時，即無價值矣。間接方面，此種概念亦足以阻止信仰不同之人經濟結合，例如印度之階級是也。是故社會史家對於信仰之歷史不能不注意及之。

信仰之形式甚為繁複。其最重要者為宗教，蓋即信仰之整個系統而具有儀式與信條之形式者也，所謂信條即哲理及道德之規條也。社會史家對於宗教本無瞭解詳情之必要；僅研究其在社會生活上有實際影響之事實即為已足。是故對於所有形上學、所有道德理論、所有神道學，均可置諸不理；而僅注意宗教之信仰，與實際義務有關之哲學或道德，以及儀式之規條足矣。凡此各種事實，均另有專史詳述之，吾人祇須明瞭此種參考資料之所在即為已足。

實際上之困難，在於明定此種信仰之所在，明瞭此種信仰之影響於行動者究在人類中之何群。蓋專門家往往研究信仰之形式而不甚注意其分配之情形，至於確定信仰影響所及之範圍，更非所顧及矣。

各種信仰中有一類焉，其消息至難獲得。吾人研究道德上之原理及古今來之公家道德，勤力逾恆；然實際道德之歷史則至今尚未有切實之研究。人類實際上之行動究竟根據何種實際道德之規則，吾人至今未能知之也。觀於此點，吾人在專史中所得之資料實極不充分也。

吾人欲瞭解文明程度較低之民族社會生活，信仰之知識尤屬必要。蓋信仰之形成本在一切科學之前，而且為最初統御一切思想與道德生活之主宰。迨由觀察而來之知識逐漸形成而後，信仰方漸形衰替。吾人欲瞭解古代之社會亦然，宗教信仰及迷信之研究亦較為必要也。

㈡美術之影響遠較吾人通常意想所承認者為弱。吾人因純粹孕育於文學中之故，對於文學及美術往往抱有一種錯誤之印象。吾人如以十年時間專究美術現象，吾人即將於不知不覺之間認此種事實為占人類活動之大部分。此種錯覺因受文學家及專究美術品之考古學者之影響而愈益擴大。其實即在今日大多數人類中，美術在生活上所占之地位甚小；此則即在美術發達之希臘時代即已如此，吾人試觀希臘史家對於當時美術上偉大事象之不甚注意，即可見一般。美術之於人口上事實影響甚小；吾人研究人口上之事實時，對於美術可以擯斥不理。至於在經濟生活上，則美術之影響僅在其能創造少數之美術的價值而已；蓋工藝所賴者，社會風尚居多，而美術興味為少也。

㈢知識（在此詞中包括純粹科學、實際知識及專門技術）之於社會事實則反是，其影響甚為重大。知識之影響，其進程蓋與信仰同：個人對於世界及其地位所抱之概念，無論其來自科學或來自經驗，實足以為其大部分行動之指導。此為科學與宗教會合之範圍（至於道德則自有其單獨或界限未清之範圍）。知識之影響於人口上之事實（如團結、遷移、死亡等）及經濟上之事實也，就直接方面言，能予物品、養料、原料、動物等以價值之觀念；就消極方面言，能停止無用物品或已有別種較好物品足以代替者之製造或生產；就間接方面言，能表明吾人意中未有之經濟組織之優點，或解除舊日阻梗新組織之宗教上或道德上之成見。

此外，知識影響之發生有一種屬於外部之進程，而為純粹想像之信仰所未具者。知識能使吾人瞭解外部之實際世界及人類對於世界影響之實際進程。知識能示人以心理上實際之方法以為應付人類或勸誡人類之用，以及經濟生活上極有力之方法以為估定價值及組織交易之用（例如宣傳、信用、投機等）。知識亦有時能示人以心理上（如訓練）或生理上（如選擇）之方法以利用動物。尤為重要者，知識能予人以實際上或物理上之方法以運用材料，及生產與運輸之全部技術。知識固不能創造工業，然為工業創造之必要條件而且能予工業以種種之形式。分工制度及因此而發生之生產量雖受他種原因之影響，然生產之性質則有賴於技術，而技術實即知識也。

是故當吾人研究社會史時，吾人雖不必瞭解科學史及專門技術史之詳情，至少須略曉科學史中可以應用於生活及實際道德上之部分以及生產技術之歷史。此固易於從事者也。唯一之困難在於明瞭某一時期某一社會中知識及方法之傳布情形。此為科學史專家所最不注意之問題，而其消息亦最形缺乏者也。

㈣物質習慣之於經濟生活，亦大有影響者也。物質習慣蓋為生產之目標，故因之並為生產之指針。吾人所生產者無非所以滿足物質之慾望。所謂物質生活其主要部分為物品之消費，如養料、衣服、居室、動產及享樂品之類；此為介於經濟生活與眾人習慣間之範圍。此種習慣驟視之，似僅係經濟生活之結果而已，蓋吾人消費之物品由生產行為而產生，且由分配行為而分配者也。然吾人之生產目的僅在消費，而消費行為實指導生產之方向。就此種意義而言，物質消費之習慣實為所有經濟行為之原因，且亦須視為經濟研究之根本目的；吾人欲瞭解生產行為，不能不先研究消費者對於生產者之願望為何。是故消費之歷史或即物質生活史，應為經濟史中開宗明義之第一章也。

所謂消費在實際上之關係甚為繁複，並非常為一個純抱消費觀念之顧客而已。此外有售物者（即製造者）受商人之指導而供給物品於消費者予以消費之觀念焉。此兩種活動關係極為密切，欲加辨別非另行研究不可也。

然經濟史不能不顧及消費史；對於消費者之自然需要——即物質生活史——有瞭解之必要。此實現代或過去社會生活中最為世人所不注意之部分；而且就美國方面所為者觀之，此部分實為社會史中最有教育價值之一種研究。消費行為不特因需要性質有影響於生產及商業之故，對於生產行為有直接之影響。上古時代因需要紫色顏料或琥珀之故，其商業多指向希臘或波羅的海，又如中古時代之香料需要促進東印度航路之發現，皆其著例。間接方面，需要之形式亦足以影響工作之組織。如需要之形式或係繼續，或係無定，或係反常，則隨之而產生之工作必因之或係有定，或係荒季，或係危機。如需要之形式來自多數人或少數人，或係奢侈品或係常用品，則生產之制度必隨之而大不相同。社會史家固無熟悉物質生活史上詳情之必要；然對於消費物品之種類、用途最多之原料性質，以及需要之數量及時期，均不能不略識其梗概也。

私人生活中所包含之行為，或係日常者，或係定期者，或係嚴重者；故私人生活史所研究者為時日之分配、休息之時間、沐浴及醫藥之習慣、慶祝、歡宴、儀節、娛樂及運動等（如畋獵、遊戲、賽會、旅行等），此種行為為消費行為之一部分，蓋因其有需於物質之物品及服務，不能不役使多數之家庭僕人、旅館侍者、特派差人、理髮者、醫生及伶人也。故此種行為之影響足以指導物品之生產及工作之區分。

此外，此種行為尚另有一種影響焉，不僅在製造上而已，且及於所有專心於物質服務之人類；因其將此類人置諸與生產者不同之一種經濟範疇中也。是故吾人研究社會史雖不必瞭解私人生活習慣之全部，至少對於需要多量生產之習慣及固定相當人數於私人服務中之習慣，不能不知其概要。吾人欲瞭解十六世紀時西班牙之經濟生活，如能明白當時有一部分人之生活係屬地主之僕人，此種知識決非無用者矣。

影響之最大者莫如風尚，因其能創造或毀滅價值也；風尚之為物，實為所有奢侈工業及工業變遷最重要之原動力。是故吾人不能不注意風尚史，至少應注意有影響於物品種類與服務需要之變動之各種新風尚。吾人須知風尚中心之位置，及此種中心之變動，因其與商業及工業之組織皆大有關係者也。在上古時代，風尚之現象僅限於人數甚少之貴族階級；然其在商業史中並不因此而減少；蓋當交通困難時代，所謂商業僅以奢侈物品為限，十三世紀至十五世紀間之香料貿易，即其最顯著之實例也。

三、單獨事象之影響——發明與創造——由在上者所產生之方向變化

單獨行為構成通史之大部分。經濟史所必須瞭解者，僅其主要部分與一種物質演化之起源有關者已足；然亦仍不須研究其詳情也。經濟史無需研究穆罕默德或拿破崙之一生，僅明瞭其有一般物質結果之行為，如禁酒及大陸封鎖政策等已足矣。

單獨行為能在經濟生活中產生結果者，凡有二種：

㈠單獨之發明或創造，係一人所倡之一例而大眾仿行之者。此種發明或創造，最初蓋產生於理智生活之中，係一種信仰（宗教上或道德上）、一種美術形式、一種科學，或一種理想之創造。有時亦可在物質生活中遇見之，其形式如一種地理上之發現、一種

技術之發明，或一種風尚之創造。個人之影響於此甚著；創始者能使社會變更其行動、價值之估計或行為之方法；能創造或毀滅一種價值、一種生產之技術、一種交通之道路、一種交易之方法；或間接限制工作之組織，或甚至一種人種人口現象之分配，例如移民於前此窮荒之地域或引進一種新式之種植。

㈡社會中方向之變動可由公家或臨時之領袖主動之，如國家、教會、政黨、團體等之首領，或根據一種合法之命令（如規則或法律），或實行一種革命以指導之是也。是故此種變動足以直接影響於某種經濟之習慣、生產、商業、分配等之組織，或甚至人口分布，例如一城市之建設或毀壞是也。此種變動間接方面亦足以變更政治之組織，而其反響並及於經濟之生活，俄國彼得大帝之所為，即其一例也。

假使吾人不顧此種偉大之變動，則對於人類經濟上或人口上之演化雖欲略窺大概，亦將有所不能。假使吾人不知此種變動之創始人，則對於變動之性質亦將一無所曉。此蓋社會史中，通史上必要之部分也。

第二十一章　集合事實及於社會生活之影響

一、集合之組織──私人組織──家庭──社會制度──階級──政治制度──統治政府──特殊職務──教會組織──國際組織──語言

吾人於此尚須研究社會事實如何有賴於集合之事實，以及社會史家對於集合現象之歷史──即含有組織並產生人類間共通性之種種集合現象──應具何種之知識。集合事實凡有二種：

㈠集合組織之事實，如家庭、政府、官制等之足為特殊歷史對象者。

㈡集合事象之足為通史材料者。此種事實所及於社會生活之影響如何，吾人應分別研究之。

所謂集合之組織即係一種人類間之永久組織，或由習慣與默許之慣例設之，或以公

家規則規定之。

吾人往往別組織於規則，而分事實為二類：即與解剖學相比之結構，及與生理學相比之機能是也。此係一種實際不能應用之暗比。結構之性質實與機能無異，均有其規則或其實際。政府之結構為各種之慣例，或係默許，或屬明示，或出之公家，或源於風俗，有某一部分人為之負執行某一類慣例之責。此為一種分部行為及分工制度，與經濟生活中所具有者可以比擬。政府結構雖予一部分人以特殊之權利及義務，並建設一種人員補充之制度。然此種分部執行之規則，並無一種特殊之性質足以使之有別於執行方法（手續）、應用原理（法律）及執行（能力）等之規則。組織之不同，蓋大體源於團體之種類，即分子集合之原理是也；亦源於有系統行為之性質，即領袖之權威是也。各種組織之有影響於經濟生活者，以下述數類為最重要：

㈠私人結合——最重要者為家庭，蓋由自然或繼承之父子關係組織而成之團體，且受父或母權力之指導者也。在某種社會中，亦有相似之結合，唯由人為之連鎖建設而成；此即各種團體是也，而以具有宗教性質者占其多數，私人結合直接有影響於經濟之組織；因其含有一種共通之消費，對於所得財富共通之占有與移轉，及因之而生之繼承制度也。是故社會史家至少不能不明曉家庭及團體之一般制度及私人制度，如婚姻、母權或父權、父子關係，與繼承制度等之一般演化。吾人所應知者，非法理中或書籍中之合法權利也，乃有影響於經濟實質之真正實際也。是故在法學家所著之私法專史中，吾人不盡能得到必要之消息；不如多加注意於專述家庭、團體及繼承等真實習慣之著作之為愈。

㈡社會制度——在同一民族中、同一政府治理下之人類間，無論何種社會之得稱為文明者，必有一種職務分配上及財富分配上之不平等，此種現象往往成為永久之制度或甚至成為遺傳之制度。社會之為物，當其在未開化之狀態時極為單純，往往分成層次，各層皆由生活狀況相同或相等之人員組織之。此即吾人所謂社會階級者是也。階級一詞源於羅馬，其本意蓋指戰爭時，依財富多寡排列之公民團體而言。

社會階級之興起，一部分蓋源於經濟，蓋一人在一階級中之地位，由其工作之種類及其財富之多寡指定。然一部分亦源於政治，蓋握有公家大權之人，往往結合而成上流之階級也。是故階級之劃分，不盡如社會主義者所主張純由經濟之關係。階級制度蓋一種混合之制度也。社會之「結構」為一種經濟現象與政治現象之產品。此種權力與財富之永久不平等，實駕馭經濟生活中各種責任之分配；因各階級間分工之故，其影響直接及於生產制度之全部；並因各人工具及方法不平等之故，其影響益為顯著；其結果則為資本之創造以利上流之階級而壓迫下流之階級，如奴隸、佃奴及工人等。

自羅馬法律時代之社會，以至二十世紀民主之社會，階級制度之演化漸將貴族之階級制度及階級之法律劃分，漸形毀壞；而逐漸引入一種相當之變化，即分工制度、資本分配及榨取方法是也。

社會組織之影響並亦直接及於價值及商業。在一種民族之經濟生活中，一切均已不同，蓋少數人有滿足其所有慾望之專利權，而一般自由及便利足使所有居民皆進於消費者之一階級中也。一種貴族之社會，除奢侈商業外，幾別無他種之貿易；如組織成為民主，則商業必擴充至一般消費之物品。是故吾人欲瞭解一地方之經濟生活，必須明曉其階級之制度；欲瞭解社會史，必須明曉此種制度之演化。

㈢政治制度——政府為一種最顯著之組織，其及於社會生活之影響亦最為明顯。政府中，人因握有實權之故，其及於社會中其他諸人之影響，遂並有其實際之方法。經濟之組織，有如所有物質之組織，實在政府直接指導之下。財產、繼承及契約等分配行為之規則也，商業、錢幣、信用等交易行為之規則也，有時甚至耕種、工業、運輸、工資等生產行為之規則也，皆由政府建設之。此外，握有政權之人往往利用其地位以支配或甚至壟斷享樂之經濟機關。此種政治所及於經濟生活之根本影響，馬克思派中人表彰甚力也。

是故吾人如欲研究政治制度及於經濟生活之影響，決不可取整個之國家而僅研究其一般之行為而已足；必須分析政府中之人員及其行動之方法而分別研究之。先分別中央主權所在及特殊職務所在之機關。中央權力機關當其決定組織之規則時，甚至足以直接影響經濟生活之方向。特殊權力之下屬機關當其予經濟行動以便利或障礙時，足以影響其實際。吾人欲辨別此種影響，必須依照一種切實之方法，則對於統治者、國務員或其寵臣等，均須加以分別之研究。於是再進而研究各種不同之職務，如陸軍、財政、司法、警察、工務、教育等。更進而研究地方之權力機關，隨時分別注意研究各種人員之影響。最實際之方法為先提出下列二種之問題：

1. 經濟活動各種不同表面之受政治人員之影響者：農業生產、礦業、工業、運輸；價值與交易（信用、商業）；分配及移轉；消費。

2.政治人員之行為方法。此種方法實較吾人在表面上所得之印象遠為繁雜。政府可用直接之方法，如命令等，以規定有經濟性質之預算案及經費法規。此外，政府因有權力之故，並亦有間接行動之方法數種，吾人不能不注意及之：⑴行政人員往往握有經濟利益之特權，其形式為優待公眾事業、借款及各種詐欺之事；⑵各政治機關引入生產者與各種職務關係中之方法，兵士之補充及屯駐，司法及警察，恩惠或壓迫，財政制度及其流弊與滿足，足以補助生產或指導消費或限制私人工作之公共工作，足以傳布技術及變更價值觀念之教育；⑶君主、宮廷、高級政治人員等生活及於風尚與所有與風尚有關之生產行為之影響。

㈣教會組織——此僅係政府之一種特殊形式，所不同者，方法而已，蓋其行為方法，係屬間接或想像之限制也。是故吾人須以研究政府之方法研究之。正如吾人不能用概括之論調而有所謂「國家之行為」，教會亦然，吾人不能有所謂「教會之行為」。吾人必須分析教會中之人員，辨別其各種不同之機關，而研究其行為之方法：禁令、提倡或禁止之習慣，與製造宗教用具者之關係，及於私人生產之影響。

㈤國際組織——在現代各民族間，所謂國際關係已成為一種制度。在此種制度中，人員（外交及領事）部分並不重要，其影響蓋發生於各民族間之國際關係。吾人必須在政府間之正式條約中研究其組織，以窺見其及於價值（錢幣條約）、運輸、交易及信用（商約）等之影響（吾人於此，對於規定勞工之國際條約尚置而不論，因其方在萌芽中也）。於是再進而研究其實際之方法以瞭解其足以便利或妨礙各種經濟關係之處何在。吾人必須明瞭關稅、運費、政治警察或衛生警察之規則、私法及商法之原理等之應用如何。最後並須注意，至少對於十九世紀以來國際之物質組織，如郵政、交通以及其他國際之機關。凡此種種，吾人雖不必研究其詳細情形，至少須略曉其主要之事實及其演化之概要，以便瞭然於其及於經濟生活上之影響為何。

㈥語言——此係一種集合之事實，其影響蓋普及於所有人類之關係。此為全部人類間交通之工具。語言相通而後，其他各種交通，包括民族交通在內，方益形便利。語言不同則所有他種關係均必困難。語言分配並有影響於所有人口上之團結，如聚居、婚姻及職業等，而尤以經濟關係為甚，如分工、價值之建設、交易及商業、財產之分配等。是故社會史家僅知語言本身及其歷史固屬無用。而對於語言之分配、同一語言之支派，均不能不知之，而當語言之支派不與政治團體合一時，尤須加以辨明，社會史家必須熟悉語言分配之變動情形，蓋因其有影響於人口及經濟之演化者也。

二、集合之事象——內部革命——衝突與條約——國際關係

吾人於此尚須研究特殊集合事象之足以產生社會一般演化之一部分者。此種事象之形式有二：即內部國內之革命及外部國際之衝突是也。

㈠內部革命之形式或係突然之變動或係逐漸之變化，將政府、教育、階級、家庭等之集合組織變更之。當變更政治團體或私人團體或集合之習慣時，革命之舉即在於變更其團結或其經濟之方法。統治人員或政府職務之變動，足以引起經濟生活中領導人員之變動。壟斷享樂或組織生產之團體必因之而有所更張。是故吾人如欲瞭解一民族之社會史，必須深悉其政治教會及私人制度中，重要之革命及演化。

㈡外部歷史之事象即係國際之關係。其形式或係猛烈之衝突，如侵略或戰爭，或係和平之協商，如條約與協定。其結果為領土分配及國際團體之變動。每一次領土或關係之變動，必引起國內生活之一般更張，而經濟生活亦隨之而變。衝突或協商之如何產生？戰爭及交涉之如何經過？皆係軍事史或外交史專家所有事，吾人不必注意之；然戰

爭或條約之結果，係一種一般之事實，吾人如欲瞭解社會史，對此不能不深悉之。此外，衝突時期中，國際絕交之久暫以及條約之性質，均應曉然，對於與商業及經濟有關之條約尤須注意。

吾人對於所有集合之事象，雖有專家負責，無盡知之必要。然如不識政治史上之一般事實，則甚為危險；蓋吾人將難免以一種經濟變動為由於經濟原因，殊不知其原因適為一種政治之事象也，法國革命即其一例。

結論

社會科學之必須應用歷史研究法，吾人至此已可得一實際之結論。歷史研究法在預備工作上實屬必要，即現時社會之研究上亦然。蓋社會科學材料之大部分並非科學之觀察，僅屬史料而已，欲得其用，非加考訂之功不可。

而且一種完全社會科學之構成，有賴於過去社會現象演化之研究，此即所謂社會史者是也。然此種社會史與所有其他歷史不同，不特須用經過史法考訂之史料，而且其本身亦不能絕對脫離其他各種歷史而獨立。所謂社會史，正如法律史或風俗史，不過社會全部歷史之一段，或特殊之一支而已。其與全部歷史之關係，甚至較文學中史或科學史尤為密切也。

社會史，蓋其他各種歷史之一種補助科學，此蓋就社會事實為他種事實之原因而言——唯此種關係並不如經濟學家所信者之密切。社會事實為其他事實之必要（消極）

條件；無社會事實之產生即無其他事實之產生；然社會事實僅係一種扶助而非一種基礎。其特殊形式之影響及於他種事實上者，甚為薄弱，因之，此種歷史對於其他歷史之瞭解，其為力亦甚為微薄也。

至於社會史則有賴於他種歷史者甚多。社會事實之本身，本無存在之理由；其為物也，或為其他行為之產品（人口事實即係如此），或為獲得他種事實之方法（經濟事實即係如此）。故社會事實之方向不在其本身之內，而在他種事實之中。此並非因人類之產生有一定進行之形式，因之有一種理智之生活、私人之習慣、一種政治之組織也；蓋因其生活有此種理智上、私人上及政治上之形式，故引起一種經濟生活之形式也。是故吾人而欲瞭解社會史，必自研究他種歷史入手方可，蓋社會史不過人類一般歷史之片段而已也。

國家圖書館出版品預行編目資料

通史新義／何炳松作. ——初版.——臺北市：五南，2012.08
面； 公分
ISBN 978-957-11-6743-5（平裝）
1.史學方法
603.1 101013884

1WL1

通史新義

作　　者— 何炳松
導　　讀— 林志宏
發 行 人— 楊榮川
總 編 輯— 王翠華
主　　編— 蘇美嬌
編　　輯— 謝芳澤
封面設計— 童安安
出 版 者— 五南圖書出版股份有限公司
地　　址：106台北市大安區和平東路二段339號4樓
電　　話：(02)2705-5066　　傳　　真：(02)2706-6100
網　　址：http://www.wunan.com.tw
電子郵件：wunan@wunan.com.tw
劃撥帳號：01068953
戶　　名：五南圖書出版股份有限公司

台中市駐區辦公室/台中市中區中山路6號
電　　話：(04)2223-0891　　傳　　真：(04)2223-3549
高雄市駐區辦公室/高雄市新興區中山一路290號
電　　話：(07)2358-702　　傳　　真：(07)2350-236

法律顧問　元貞聯合法律事務所　張澤平律師

出版日期　2012年8月初版一刷
定　　價　新臺幣300元